はじめてでも
ファスナーつけがちゃんとできる

バッグとウエアの本

野木陽子

日本文芸社

Introduction

　私のお気に入りの洋服の中に、「見せるファスナー」をポイントにしたものがあります。重厚感たっぷりでシャープな印象。流行に関係なく、何シーズンも活躍しています。そんな素敵なファスナーのあしらいをマスターできれば、おしゃれの幅が広がるような本格的なアイテムを作ることができると思いませんか？

　「ファスナーつけって難しい」そう思っている人は結構いるようです。私のワークショップでも「はじめてで自信がない」「苦手だわ」という声をよく聞きます。でも、実際やってみると、皆さん綺麗に完成できるのです。そう！　ファスナーつけって、思っているほど難しくないんですよ！

　この本では、ファスナーの種類やつけ方を、はじめての人にもわかりやすいように丁寧に解説しています。可愛い小物やシルエットの美しい服にときめき、そして作品づくりを通してファスナーつけも楽しんでいただけたら嬉しいです。

　　　　　　　　　　　　　　　　　　　　　　　　　　　　野木 陽子

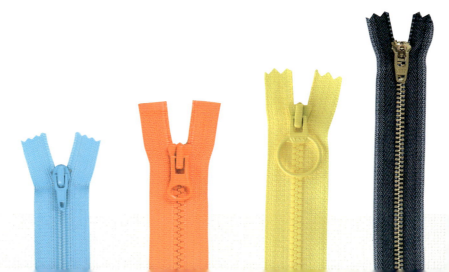

Contents

ふたつきトートバッグ 4

ペットボトルホルダー 5

ボストンバッグ 6

クラッチバッグ 8

ふんわりポーチ 9

ワンピース 10

ナイロンパーカ 11

プルオーバー 12

フレアスカート 14

ノータックパンツ 15

● 作品およびファスナーのつけ方で使用しているファスナーは、すべてYKK株式会社のファスナーを使用しています。
コンシール®、エフロン®、フラットニット®、METALLION®、ビスロン®は、YKK株式会社の登録商標です。

● 作品およびファスナーのつけ方で使用している接着芯は、すべて株式会社ホームクラフトの接着芯を使用しています。

● 印刷物のため、作品や商品の色は実際と違って見えることがあります。ご了承ください。

● 本書の一部または全部をホームページに掲載したり、本書に掲載された作品を複製して店頭やネットショップなどで無断で販売することは、著作権法で禁じられています。

ファスナーの基礎

ファスナーの種類と特徴 16

ファスナーの各部の名称 20

ファスナーの寸法の測り方 21

ミシンの押さえ金について 22

ファスナーの扱い方 23

ファスナーのつけ方

LESSON1
ファスナーの両端をはみ出させてつける 24

LESSON2
ファスナーをカーブの辺につける 26

LESSON3
ファスナーの両端に別布をつける 28

LESSON4
ファスナーの両端を折り込んで始末する 30

LESSON5
ファスナーのエレメントが
見えないようにつける 32

LESSON6
前中央にコンシールファスナーをつける 34

LESSON7
オープンタイプのファスナーをつける 37

LESSON8
切り込みに見えるように
ファスナーをつける 40

LESSON9
パンツのフロントにファスナーをつける 43

LESSON10
スカートの脇ファスナーをつける 46

材料と作り方 48

ふたつきトートバッグ

ファスナーのつけ方 ➡ 24ページ
材料と作り方 ➡ 49ページ

2色のキャンバス地を組み合わせた大きめバッグ。出し入れしやすいようにふたのファスナーを長めにし、大きく開くようにしました。

TOTE BAG

上から見たところ

ペットボトルホルダー

ファスナーのつけ方 ➡ 26ページ
材料と作り方 ➡ 48ページ

きれいな色のファスナーを少し広めの幅で見せることで、デザインのアクセントに。内側に保温アルミシートを使って機能性もアップ。哺乳瓶（ほにゅうびん）もぴったり納まります。

PET BOTTLE HOLDER

開けたところ

ボストンバッグ

ファスナーのつけ方 ➡ 28ページ
材料と作り方 ➡ 50ページ

ボックスタイプのバッグは、角をカーブさせることでソフトな印象に。長い入れ口には、両開きタイプのファスナーがおすすめです。

BOSTON BAG

生地提供:kippis「Kisut」／株式会社サンヒット

開けたところ

ファスナーを全部開けると、バッグの上半分を開くことができます。

2つのスライダーは、センターでもサイドでも、自由に移動できて便利。

Point

大きさも深さもある外ポケットは、ノートやカードケースがすっぽり入ります。

クラッチバッグ

ファスナーのつけ方 ➡ 30ページ
材料と作り方 ➡ 52ページ

ファスナーをまっすぐ縫いつけるだけでできる、シンプルなバッグです。縫い代の処理がいらない合皮を使えば、より簡単に作れます。

CLUTCH BAG

持ったところ

ふんわりポーチ

ファスナーのつけ方 ➡ **32ページ**
材料と作り方 ➡ **52ページ**

色違いの生地をパッチワーク風に縫い合わせた、やわらかいフォルムのポーチ。入れ口のファスナーが見えない作りになっています。

FUNWARI POUCH

開けたところ

生地提供:ドットバティック／コットンコネクション

ワンピース

ファスナーのつけ方 ➡ 34ページ
材料と作り方 ➡ 54ページ

洋服を作るなら、ぜひマスターしておきたいコンシールファスナーのつけ方。今回は着脱がしやすいように、フロントにつけました。

ONE PIECE

開けたところ

ナイロンパーカ

ファスナーのつけ方 ➡ 37ページ
材料と作り方 ➡ 56ページ

カジュアルなアウターとしても、レインウエア代わりにも活用できるパーカです。生地とファスナーの色の組み合わせを楽しんで。

NYLON HOODIE

生地提供：アウトドア用防水生地／sewing supporter Rick Rack

フード部分

プルオーバー

ファスナーのつけ方 ➡ 40ページ
材料と作り方 ➡ 58ページ

無地のジャカード織のアクセントとして、ファスナーをあしらいました。切り込みから見えるファスナーは、スライダーにもこだわって。

PULLOVER

後ろファスナー

後ろのファスナーは、アクセサリー感覚で大きめの引手(ひきて)をセレクト。

見返しやポケットの内側に、ちらりと見えるプリント生地がかわいい。

Point

スカートにもパンツにも合わせやすいので、コーディネートの幅も広がりそう。

フレアスカート

ファスナーのつけ方 ▶ 46ページ
材料と作り方 ▶ 60ページ

シルエットが美しいスカートは、デニム地を使ってカジュアルダウンしました。細いベルトと脇ファスナーですっきり着こなせます。

FLARED SKIRT

着たイメージ

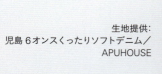

生地提供：
児島 6オンスくったりソフトデニム／
APUHOUSE

ノータックパンツ

ファスナーのつけ方 ➡ 43ページ
材料と作り方 ➡ 62ページ

上質なリネンを使って、素材感も楽しめるパンツに仕立てました。前あきのファスナーは、見返しと持出しを組み合わせてつけます。

NOTUCK PANTS

後ろ姿

- ファスナーの基礎 -

✥ ファスナーの種類と特徴

この本の作品で使ったファスナーの種類と特徴をご紹介します。パーツの名称などは20ページを参照してください。

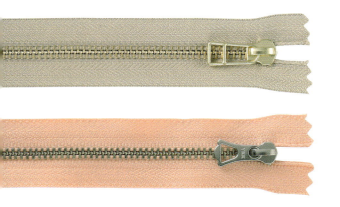

メタルファスナー

エレメントが金属でできたファスナーの総称。エレメントに方向性があり、エレメントのパーツ1個ずつが同じ向きについている。主にアルミや丹銅（胴と亜鉛20％以下の合金）、洋白（胴・亜鉛・ニッケルの合金）などの素材が使われている。バッグから衣料まで幅広く使え、色も金、銀、アンティークカラーなど豊富。

➡8ページ「クラッチバッグ」、15ページ「ノータックパンツ」に使用。

シンメトリックファスナー

スライダーが2個頭合わせについていて、両端に下止がある。メタルファスナーでもエレメントに方向性がなく、エレメント内でスライダーを自由に動かせる。スライダー2個で左右に開けるため、長いファスナーをつけたい大きめのバッグやポーチなどに最適。両開きタイプは、樹脂製（ビスロン® やコイル）のものもある。

➡6ページ「ボストンバッグ」に使用。

コイルファスナー

エレメントがコイル状になっていて、スライダーを上げると左右のコイルが噛み合わさって閉まる。メタルファスナーやビスロン®ファスナーに比べて柔軟性があるので、カーブのあるものにも使いやすい。エレメント部分にボリュームがあるので、ファスナーを見せないようにしたい作品には不向き。

➡5ページ「ペットボトルホルダー」に使用。

コンシール® ファスナー

コイルファスナーの一種で、下止の位置を移動することができる。エレメントや縫い目が表地に出ないので、ファスナーを見せたくないワンピースやスカートなどの衣料に多く使われる。実際のあき寸法より2、3cm以上長めのものを用意し、ミシンで縫うときには専用の押さえ金（22ページ参照）を使用すること。

➡ 10ページ「ワンピース」に使用。

エフロン® ファスナー

コイルファスナーの一種。ナイロン製のエレメントを直接テープに織り込んでいるため、同じサイズのスタンダードのコイルファスナーよりも薄くて、耐久性に優れている。エレメント部分が細いので小さめのポーチから、しなやかさが必要なスカートやパンツなどの衣料まで幅広く使える。

➡ 9ページの「ふんわりポーチ」に使用。

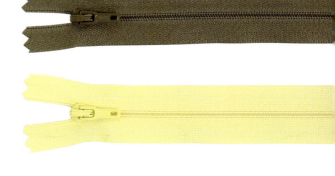

フラットニット® ファスナー

コイルファスナーの一種で、ニットテープにエレメントを編み込んだファスナー。やわらかくて薄いのが特徴。ドレープ性に優れているので、薄い生地やストレッチ素材にも合わせやすく、シルエットを重視する婦人服などに適している。下止も樹脂仕様なので、子供服にも最適。

➡ 14ページ「フレアスカート」に使用。

METALLION® ファスナー

コイルファスナーの一種。樹脂のコイルファスナーに金属色のメッキがされているため、金属のような重厚感と光沢感がある。実際のメタルファスナーよりも軽いので、重さを出したくない小物や衣料にも使いやすい。色のバリエーションもあるので、服などに見えるようにつけてアクセントにしても。

➡ 12ページ「プルオーバー」に使用。

ビスロン® ファスナー

エレメントはプラスチックのパーツ（突起）が1個ずつ並んだ状態になっていて、スライダーを上げると左右のパーツが噛み合わさって閉まる。同じサイズのメタルファスナーより軽いので、長いファスナーを使うものにも向いている。バッグから衣料まで幅広く使えるが、エレメント部分が曲がりにくいので、きついカーブや薄地の服には不向き。

➡ 4ページ「ふたつきトートバッグ」に使用。

ビスロン® ファスナー（オープンタイプ）

スライダーを一番下まで下げると、下端の開具が外せて左右のテープを離すことができる（20ページ参照）ファスナー。オープンタイプには、他の樹脂製（ビスロン®やコイル）のものや、金属製のものもある。左右を完全に離せるため、ジャンパーなどの上着の前端によく使われる。

➡ 11ページ「ナイロンパーカ」に使用。

その他のファスナーいろいろ

作品に使用したファスナー以外にも、様々なデザインや加工のファスナーがあります。店頭になくても注文できるものや、インターネットで購入できるものもあるので、作りたいもの、使いたい部分に合わせて探してみましょう。

ファスナーの長さの調整について

ファスナーには上止や下止がついているため、基本的には自分での長さの調節はおすすめしません。とくにメタルファスナーは難しいので、ぴったりの長さのものを購入するか、販売店で調整してもらいましょう。ただし、ファスナーをカットして、上端や下端を縫い込んでしまうなどの処理をすることもできます。また、コンシール® ファスナーは下止の位置を移動できるので、自分で長さを調節できます。

こんな風に調整できます

- 縫い代で交差させて縫い、余分をカットする
- カットした端を布でくるんで縫う
- カットした端を縫い代ではさんで縫う

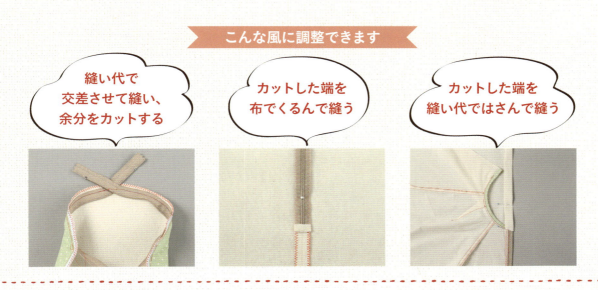

19

✤ ファスナーの各部の名称

ファスナーの各パーツには、それぞれ名前があります。作り方解説などでも使われているので、覚えておくと便利です。

〈止製品〉 ファスナーの左右のテープが離れないタイプ。

上耳（うわみみ）
ファスナーの上止がついた側のテープの端。

上止（うわどめ）
ファスナーを閉めたときにスライダーを止めておく部分。テープの左右についている。

スライダー
ファスナーを開閉するとき、エレメントを嚙み合わせる役目をする。つまみの部分を引手（ひきて）といい、デザインもさまざま。一般的なスライダーは「自由スライダー」で、引手にロック機能がない。ほかには、引手を離すとロックがかかり、引手を引っ張ることでロックが外れる「オートマチックロックスライダー」や、引手を下げた状態ににするとロックがかかり、引手を起こすとロックが外れる「セミオートマチックスライダー」などがある。

引手

エレメント（務歯（むし））
スライダーを動かすレールの役割を持ち、嚙み合うことでファスナーの働きをする。ファスナーは主にエレメントの素材によって、「メタル（金属）ファスナー」と「樹脂ファスナー」に分けられる。「樹脂ファスナー」の中でも、左右のテープにそれぞれついたコイル状になったエレメントを嚙み合わせる「コイルファスナー」と、メタルファスナーと同じ構造のエレメントで1個ずつ形成されたプラスチックの突起を嚙み合わせる「ビスロン®ファスナー」がある。

テープ
ファスナーを布などにつけるときに縫う部分で、用途やデザインによって素材も異なる。

下耳（したみみ）
ファスナーの下止がついた側のテープの端。

下止（したどめ）
ファスナーを開けたときにスライダーを止めておく部分。〈止製品〉は、テープの左右に渡るようについている。

〈開製品（かいせいひん）〉

オープンタイプのファスナーで、スライダーを一番下まで下げると、左右のテープを離すことができる。片側エレメントの下端の「蝶棒（ちょうぼう）」を反対側に下端の「箱棒（はこぼう）」に差し込んで開閉をし、この2つをセットで「開具（かいぐ）」と呼ぶ。開具側のテープには、補強のための補助フィルムがついている。

蝶棒　　箱棒

✥ ファスナーの寸法の測り方

ファスナーのサイズは、ファスナーを閉じた状態で測ります。

止製品（スタンダードタイプ）
スライダーを下ろしたときにスライダーが下止で止まり、テープが左右に離れない。片開きともいわれる。

測る位置：スライダーの頭端から、下止の先端まで。

止製品（頭合わせ）
スライダー2個が向かい合わせについていて、ファスナーの両端に下止がついている。両開きともいわれる。

測る位置：下止の先端から、反対側の下止の先端まで。

止製品（尻合わせ）
スライダー2個が逆についていて、スライダーを両端に移動することでファスナーが閉じる。

測る位置：スライダーの頭端から、反対側のスライダーの頭端まで。

開製品（オープンタイプ）
スライダーを一番下まで下ろすことで、開具を外してテープを左右に離すことができる。

測る位置：スライダーの頭端から、開具の先端まで。

逆開製品
開製品と同様にテープを左右に離すことができるだけでなく、下から開くこともできる。

測る位置：スライダーの頭端から、下止の先端まで。

ファスナーの号数について

ファスナーのサイズは、エレメントの大きさによって号数で表示されています。基本的には、数字が大きくなるほど、エレメントの幅が広くなります。スライダーの裏側に、号数が表示されていることが多いので、号数がわからない場合は確認してみましょう。

ファスナーに線を引くとき

この本では、作品を作るときに、縫いやすいようにファスナーに線を引いています。ファスナーに線を引くときは、エレメントの中央から均等に寸法を測るようにしましょう。

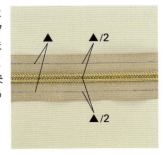

21

✤ ミシンの押さえ金について

ファスナーをミシンで縫うときには、専用の押さえ金が必要です。ミシンに付属されている場合もあるので、確認しましょう。追加で用意する場合、手持ちのミシンに合ったものを購入してください。

片押さえ（ファスナー押さえ）

基本的には、ミシンに付属品としてセットされている。布と接する部分の横幅が狭く、ファスナーのエレメントから離れた位置をまっすぐ縫える。また、縫う位置に合わせて左右どちらにでもセットすることができる。

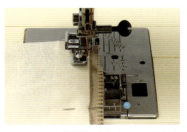

エレメントの位置に合わせて、片押さえの同じ側（写真の場合は右側）にセットする。エレメントにあたることなく、縫うことができる。

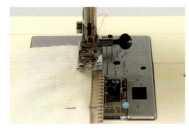

標準押さえ金で布端を縫うと、縫い始めからファスナーの下止にあたって押さえ金が斜めになってしまうため、押さえの役割ができない。

無理に縫い続けると

布の端を縫えずに曲がっていき、押さえ金がエレメントの際に沿って進むため、縫いたい位置よりも左にずれてしまう。

コンシール® 押さえ

コンシール® ファスナーをミシンで縫うときの専用の押さえ金。押さえ金の溝にコンシール® ファスナーのエレメントがはまり、エレメントを起こしながら縫うことができる。縫い終わるとエレメントが丸まるため、表側からは縫い目が見えなくなる。

コンシール® ファスナーは、エレメントを指で広げるようにして縫うと、きれいにまっすぐ縫うことができる。

ファスナーを縫うときの基本

布にファスナーを縫いつけるときには、スライダーを移動させながら縫うのが基本です。押さえ金がスライダーにあたらない場合でも、若干の歪みが生じることもあるので、移動させて縫うことをおすすめします。

1 縫い始めの位置よりも、ある程度スライダーを手前側に移動してから縫い始める。

2 スライダーの手前まで縫ったら一度ミシンを止め、ミシン針を刺したまま押さえ金を上げてスライダーを押さえ金の向こう側に移動する。

3 再び押さえ金を下ろし、続けて端まで縫う。

✣ ファスナーの扱い方

アイロンのかけ方
ファスナーもエレメントの素材によってアイロンの温度が変わります。コイルファスナーやコンシール®ファスナーは160℃、エフロン®ファスナーは150℃、ビスロン®ファスナーは130℃以下で、当て布をしてアイロンをかけましょう。アイロンをかける前には、必ずファスナーを閉じてスライダーを正常な位置にします。

洗濯の仕方
ほかの洗濯物に絡まってエレメントやスライダーのロック機能が破損したり、ほかの洗濯物の生地を傷めたりする可能性があるので、ファスナーは必ず閉めてから洗濯するようにします。ファスナーが表面に出ているものや引手が細いものなどは、洗濯ネットに入れるのがおすすめ。強アルカリ性洗剤や塩素系漂白剤ですべりが悪くなることがあるので、その際は柔軟剤を併用します。

すべりが悪くなったら
ファスナーのすべりが悪いときには、無理に動かすとエレメントに支障が生じることがあります。ホームセンターなどで購入できる専用の潤滑剤を使うとよいでしょう。代用として、ロウソクのロウをエレメント部分に塗っても構いません。エレメントに布がくい込んでしまった場合は、それまでとは逆方向にゆっくりとスライダーを動かしながら布をはずします。

✣ 作品をきれいに仕上げるためのコツ

接着芯を貼る
布を補強したり型くずれを防いだりするために、布の裏側に接着芯を貼ります。種類もいろいろあるので、作品に合わせて選ぶとよいでしょう。接着芯はのりがついている面を布の裏側にのせ、当て布をして中温のアイロンで貼ります。アイロンは普通に動かさずに、上から押すようにしながら何度も位置を替えて全体を貼るようにしましょう。

A 接着芯（厚手の不織布）：やや厚手の布に、さらにしっかりと張りを出したいときなどに使用。どの方向にカットして使ってもよい。

B 接着芯（薄手の不織布）：薄い布の風合いを損なわずに張りを出せるので、小物作りに最適。どの方向にカットして使ってもよい。

C 接着芯（織布）：織り地のため布目の方向があるので、貼りたい布の方向に合わせる。布馴染みがよく洗濯にも強いので、衣類に向いている。

D 接着テープ：テープ状に細長くカットされた接着芯。縫い代などの細長い部分だけに接着芯を貼りたいときに便利。

E 接着キルト芯：布に貼ると中綿の役割をしてくれるので、ふっくらとした厚みを出したいときに使う。

まち針としつけについて
直線どうしを縫い合わせるときや、短い辺どうしを縫い合わせるときには、まち針を使います。まち針は、でき上がり線どうしを合わせて線上に刺してとめるのが基本。ミシンで縫うときは、まち針を抜きながら縫い進めます。カーブの辺を縫い合わせるときや、位置をずらさずに縫いたいときは、まち針のあとにしつけをします。しつけは均等な針目で、縫う位置（線）よりも1mmほどずらしたところにして、上からミシンで縫わないようにしましょう。よりしっかり固定したい場合は、しつけ糸を2本取りにするのもおすすめです。

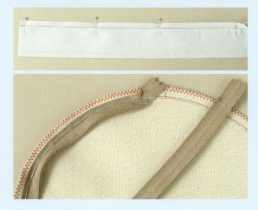

アイロンは小まめにかける
縫い代を折ったときや、表に返したときなど、工程ごとにアイロンをかけておくと、作業がしやすくなりきれいに仕上がります。角は目打ちを使ってきれいに出し、アイロンでしっかり押さえましょう。

→ 4ページ
ふたつきトートバッグ
❖ 材料と作り方は49ページ。

LESSON1
ファスナーの両端をはみ出させてつける
作品に使用したファスナー：
ビスロンファスナー　50cm

ファスナーのつけ方

※作品とは違う布とファスナーを使っています。また、わかりやすいように赤い糸で解説しています。
※写真内の数字は寸法。単位はcm。

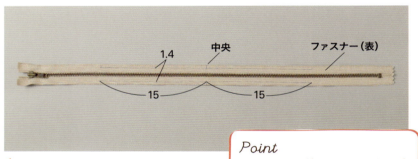

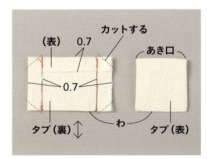

1 ファスナーの表側の左右中央からそれぞれ15cm、エレメントを中央にして幅1.4cmの位置にチャコペンなどで線を引く。

Point
ファスナーに線を引いておくと、生地を正確に合わせて縫いつけることができます。エレメントの中央から均等（0.7cmずつ）に測って、定規を使ってまっすぐ線を引きましょう。

2 タブの上下の縫い代を裏側に折ってから半分に折り、左右の端を縫う。縫い始めと縫い終わりは、返し縫いをする。角をカットして表に返し、アイロンで押さえて形を整える。これを2個作る。

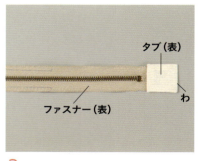

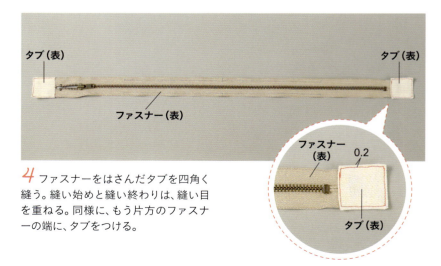

3 ファスナーの片端を、タブ1個のあき口から1cm分差し込む。

4 ファスナーをはさんだタブを四角く縫う。縫い始めと縫い終わりは、縫い目を重ねる。同様に、もう片方のファスナーの端に、タブをつける。

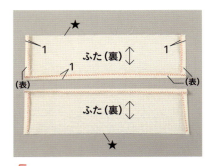

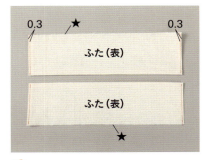

5 ふた2枚の3辺に、ジグザグミシンをかける。ジグザグミシンをかけた3辺の縫い代を、裏側に折りアイロンで押さえる。

6 ふたの短いほうの2辺の端を縫う。縫い始めと縫い終わりは、返し縫いをする。

Column
帆布の選び方

帆布は綿糸や麻糸などで織った平織りの生地で、キャンバス地とも呼ばれます。厚さも様々で、号数が大きいほど薄く、号数が小さくなるほど厚い生地になります。家庭用ミシンで縫う場合は、11～9号の厚さの帆布が扱いやすくて色も豊富。その際には、必ず厚地用の14～16番のミシン針を使用し、太めの30番のミシン糸を使いましょう。

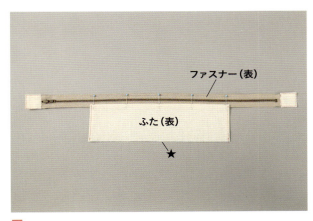

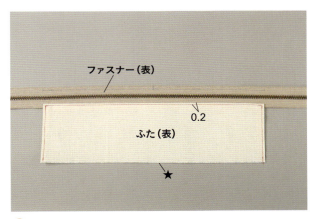

7 ファスナーの表側に、ふた1枚の表側を上にしてのせる。ファスナーに引いた線とふたの布端をそろえて、まち針でとめる。

8 ミシンの押さえ金を「片押さえ」に替え、ふたの布端の0.2cm内側を縫う。縫い始めと縫い終わりは、返し縫いをする。

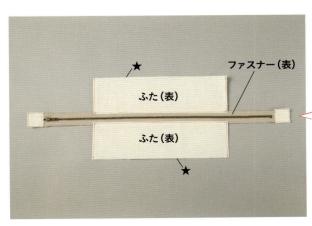

9 ファスナーの反対側に、7、8と同様にもう1枚のふたを縫いつける。49ページ「ふたつきトートバッグ」の作り方2に続く。

Point
ふたを縫いつける時は、ファスナーは端まで閉めたまま作業しましょう。縫いつける時にスライダーにはかからないので、スライダーを移動させて縫う必要はありません。

→ 5ページ
ペットボトルホルダー
❧ 材料と作り方は48ページ。

LESSON 2
ファスナーを カーブの辺につける
作品に使用したファスナー：
コイルファスナー　30cm

ファスナーのつけ方

※作品とは違う布とファスナーを使っています。また、わかりやすいように赤い糸で解説しています。
※写真内の数字は寸法。単位はcm。

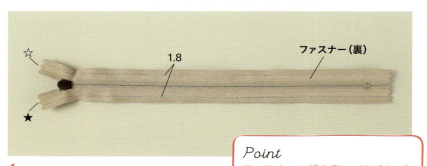

1 ファスナーの裏側に、エレメントを中央にして幅1.8cmの位置にチャコペンなどで線を引く。

Point ファスナーに線を引いておくと、生地を正確に合わせて縫いつけることができます。エレメントの中央から均等（0.9cmずつ）に測って、定規を使ってまっすぐ線を引きましょう。

2 外布・側面のカーブの辺に、ジグザグミシンをかける。

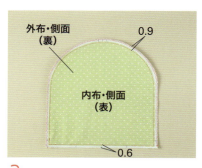

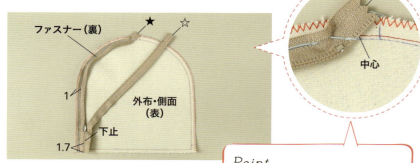

3 外布・側面の裏側に、内布（実際にはアルミシート）を外表に重ね、でき上がり線より0.1cm外側を1周縫う。縫い始めと縫い終わりは、縫い目を重ねる。内布の縫い代のみ、縫い目の際でカットする。

4 3の外布・表側のカーブの辺にファスナーを中表に合わせ、3の縫い目とファスナーに引いた線を合わせてしつけをする。

Point ファスナーのテープの端（★）は、外布・側面のファスナーつけ止まりの印から中心の印に外側に逃がすように、しつけでしっかりとめる。

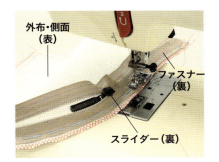
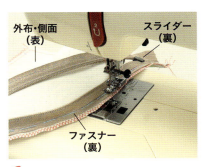
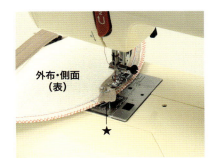

5 ファスナーを半分ほど閉める。ミシンの押さえ金を「片押さえ」に替え、ファスナーに引いた線の上を、返し縫いをしてから縫い始める。

6 カーブにさしかかる手前まで縫ったら一度ミシンを止め、ミシン針を刺したまま押さえ金を上げてスライダーを移動してファスナーを開ける。

7 再び押さえ金を下ろし、ファスナーつけ止まりの位置まで続けて縫う。縫い終わりは返し縫いをする。

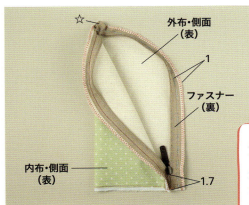
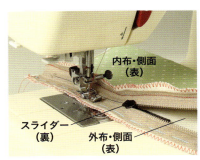

8 ファスナーの反対側を、*4* と同様に外布・表側のカーブの辺に下側からしつけをする。このとき、ファスナーのテープの端（☆）は、先に縫いつけたテープの端（★）の上に重ねる。

Point
下になるファスナーは重なり部分まで縫わずにおき、上になるファスーを縫うときに一緒に縫います。こうすると重なり部分の左右の縫い線がずれないので、きれいに仕上がります。

9 *5*、*6* と同様に縫う。ただし、縫い終わりは *7* の縫い終わりに縫い目を重ねる（*10* 写真参照）。しつけをとる。

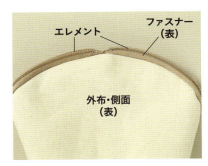

10 縫い終わった状態。ファスナーを縫いつけた縫い目が、1本の繋がった縫い目になる。

11 縫い代を裏側に折り込むようにして、ファスナーを起こす。48ページ「ペットボトルホルダー」の作り方2に続く。

→ 6ページ
ボストンバッグ
♣ 材料と作り方は50ページ。

LESSON 3
ファスナーの両端に別布をつける
作品に使用したファスナー：
シンメトリックファスナー　50cm

ファスナーのつけ方

※作品とは違う布とファスナーを使っています。また、わかりやすいように赤い糸で解説しています。
※写真内の数字は寸法。単位はcm。

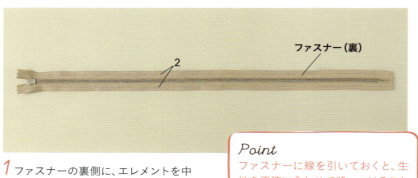

1 ファスナーの裏側に、エレメントを中央にして幅2cmの位置にチャコペンなどで線を引く。

Point
ファスナーに線を引いておくと、生地を正確に合わせて縫いつけることができます。エレメントの中央から均等（1cmずつ）に測って、定規を使ってまっすぐ線を引きましょう。

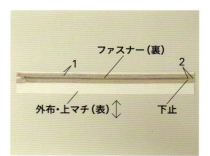

2 外布・上マチ1枚とファスナーを中表に合わせる。外布・上マチのでき上がり線とファスナーの線を合わせて縫う。

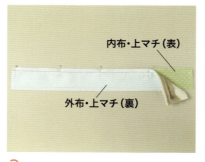

3 2と内布・上マチ1枚を中表に合わせる。

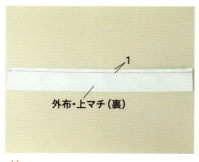

4 ミシンの押さえ金を「片押さえ」に替え、2の縫い線と内布・上マチのでき上がり線を縫う。縫い始めと縫い終わりは、返し縫いをする。

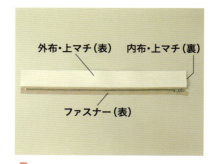

5 4を開き、内布・上マチと外布・上マチを外表に重ねてしっかりアイロンで押さえる。

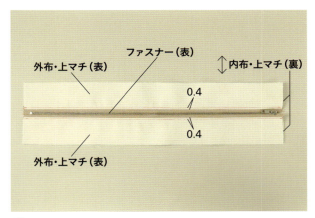

6 ファスナーの反対側に、**2〜5**と同様にもう1枚のふたを縫いつける。上マチの布端から0.4cm内側をそれぞれ縫う。縫い始めと縫い終わりは、返し縫いをする。

7 ファスナーの上止側のテープが開かないように、しつけでとめておく。

Point
実際の作品はシンメトリー（頭合わせ）のファスナーを使っているため、ファスナーの両端とも下止めなので、この作業はいりません。通常のファスナーを使う場合は、この作業をしましょう。

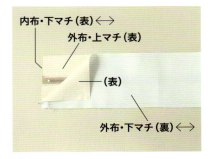

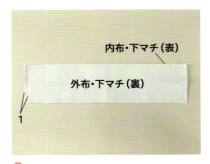

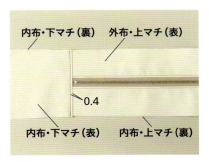

8 内布・下マチの表側に、**6**を表側を上にして左端をそろえてのせる。その上に外布・下マチを中表に左端をそろえてのせる。

9 内布・下マチと外布・下マチのでき上がり線を合わせ、左端を縫う。縫い始めと縫い終わりは、返し縫いをする。

10 **9**を開き、内布・下マチと外布・下マチを外表に重ねてしっかりアイロンで押さえ、布端から0.4cm内側を縫う。縫い始めと縫い終わりは、返し縫いをする。

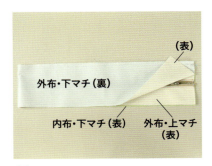

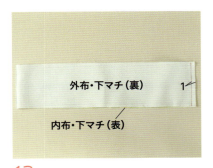

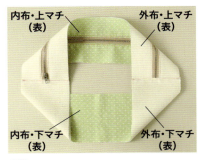

11 再び元に戻し、**8**と同様に重ねて右端をそろえる。

12 内布・下マチと外布・下マチのでき上がり線を合わせ、右端を縫う。縫い始めと縫い終わりは、返し縫いをする。

13 **12**を開いて表に返し、**10**と同様に縫う。51ページ「ボストンバッグ」の作り方3に続く。

→ 8ページ
クラッチバッグ
♣ 材料と作り方は52ページ。

LESSON 4
ファスナーの両端を折り込んで始末する
作品に使用したファスナー：
メタルファスナー　30cm

ファスナーのつけ方

※作品とは違う布とファスナーを使っています。また、わかりやすいように赤い糸で解説しています。
※写真内の数字は寸法。単位はcm。

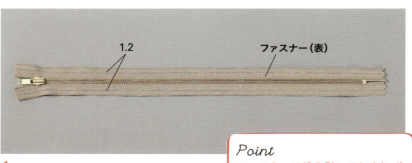

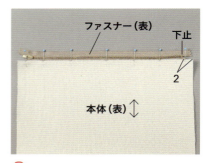

1 ファスナーの表側に、エレメントを中央にして幅1.2cmの位置にチャコペンなどで線を引く。

Point
ファスナーに線を引いておくと、生地を正確に合わせて縫いつけることができます。エレメントの中央から均等（0.6cmずつ）に測って、定規を使ってまっすぐ線を引きましょう。

2 ファスナーの表側に、本体（実際には合皮）1枚の表側を上にしてのせる。ファスナーに引いた線と本体の布端をそろえて、まち針でとめる。

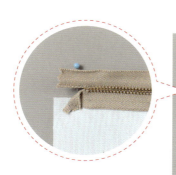

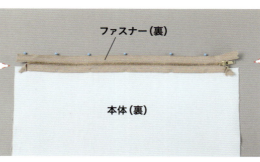

3 ファスナーの左右の端は、裏側で斜めに折り込む。

Point
合皮にまち針が刺せない場合は、仮留め用ののりや布用ボンドなどを使ってとめておくとよいでしょう。

4 ファスナーを半分ほど開く。ミシンの押さえ金を「片押さえ」に替え、布端から0.2cm内側を、返し縫いをしてから縫い始める。スライダーの手前まで縫ったら一度ミシンを止める。

5 ミシン針を刺したまま押さえ金を上げてスライダーを移動し、ファスナーを閉める。再び押さえ金を下ろし、端まで続けて縫う。縫い終わりは、返し縫いをする。

> **Point**
> スライダーを移動しなくても縫える場合でも、スライダーを移動して縫ったほうが歪みがなく、きれいに縫えます。

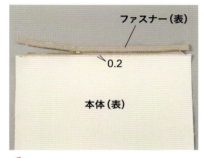
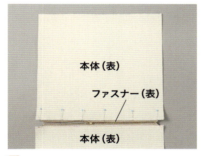

6 縫い終わった状態。ファスナーに本体1枚がつく。

7 ファスナーの反対側に、*2*、*3*と同様にもう1枚の本体をまち針でとめる。

Column
合皮以外で作るなら

作品で使用している合皮は、切りっぱなしでもほつれてくる心配がないので、縫い代の始末がいりません。合皮以外でも、薄手の本革やスエード、ラミネート生地などを使うと、同様に作ることができます。布で作る場合は、厚手の生地を選びましょう。ファスナーを縫いつける辺を1.5cm余分にとって裁ち、布端にジグザグミシンをかけてから、1.5cm裏側に折り、同様に作業します。

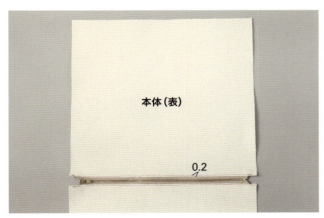

8 *4*、*5*と同様に縫う。縫い終わった状態。

裏側から見たところ。52ページ「クラッチバッグ」の作り方*2*に続く。

➡9ページ

ふんわりポーチ
❖材料と作り方は52ページ。

LESSON 5
ファスナーの エレメントが 見えないようにつける

作品に使用したファスナー：
エフロンファスナー　20cm

ファスナーのつけ方

※作品とは違う布とファスナーを使っています。また、わかりやすいように赤い糸で解説しています。
※写真内の数字は寸法。単位はcm。

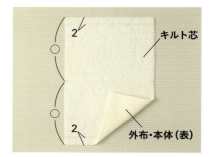

1 外布・本体の裏側に、キルト芯を貼る。上下の端から2cm内側にチャコペンなどででき上がり線を引き、中央の印をつける。

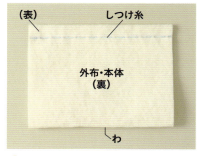

2 外布・本体を中表に半分に折り、**1**で引いたでき上がり線どうしを合わせてしつけをする。

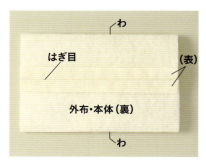

3 **2**の縫い代を割り、アイロンで押さえる。はぎ目が中央になるようにたたみ直す。

Point
この縫い代が、ポーチができ上がったときにファスナーの上にかぶさる部分になります。エレメントの中央とはぎ目をぴったり合わせると、仕上がりがきれいになります。

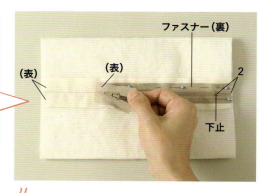

4 ファスナーの表側を下にして、**3**の縫い代の上にのせる。ファスナーのエレメントの中央とはぎ目を合わせてまち針でとめる。

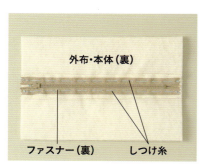

5 ファスナーの両端にしつけをする。このとき、一番下の布を一緒に縫わないように注意する。

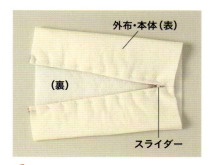

6 外布・本体を表に返し、*2*のしつけ糸をとる。ファスナーが開け閉めできるようになる。

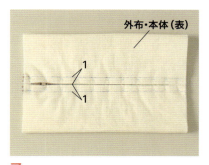

7 ファスナーを閉め、布端から1cmの位置にチャコペンなどでそれぞれ線を引く。

8 ファスナーを端まで開ける。ミシンの押さえ金を「片押さえ」に替え、*7*で引いた線の上を返し縫いをしてから縫い始める。

9 縫えるところまで縫ったら、一度ミシンを止める。ミシン針を刺したまま押さえ金を上げる。

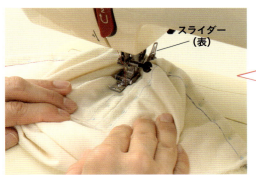

10 スライダーを移動してファスナーを少し閉める。再び押さえ金を下ろし、端まで続けて縫う。縫い終わりは、返し縫いをする。

> **Point**
> ファスナーを全部閉めてしまうと縫いにくくなるので、スライダーは押さえ金の少し上に移動するだけにしましょう。

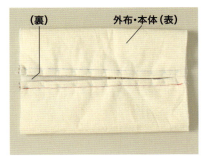

11 片側が縫い終わった状態。

12 反対側も*8〜10*と同様に縫う。

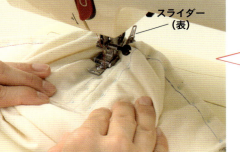

13 両側とも縫い終わった状態。しつけをとり、アイロンでシワを伸ばして整える。53ページ「ふんわりポーチ」の作り方3に続く。

➡ 10ページ
ワンピース
♣ 材料と作り方は54ページ。

LESSON 6
前中央にコンシールファスナーをつける
作品に使用したファスナー：
コンシールファスナー　50cm

ファスナーのつけ方

※作品とは違う布とファスナーを使っています。また、わかりやすいように赤い糸で解説しています。
※写真内の数字は寸法。単位はcm。

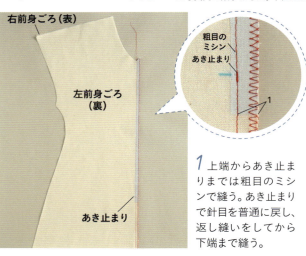

1 上端からあき止まりまでは粗目のミシンで縫う。あき止まりで針目を普通に戻し、返し縫いをしてから下端まで縫う。

2 1の縫い代を割り、アイロンで押さえる。

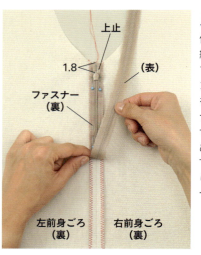

3 ファスナーの表側を下にして、2の縫い代の上にのせる。ファスナーのエレメントの中央とはぎ目を合わせて、ファスナーと縫い代のみをすくってまち針でとめる。ファスナーの下止は、あき止まりより5cm下まで移動しておく。

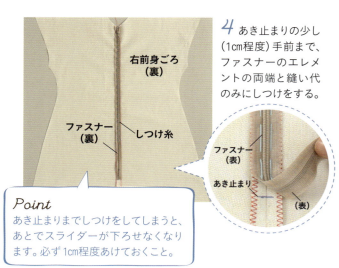

4 あき止まりの少し（1cm程度）手前まで、ファスナーのエレメントの両端と縫い代のみにしつけをする。

Point
あき止まりまでしつけをしてしまうと、あとでスライダーが下ろせなくなります。必ず1cm程度あけておくこと。

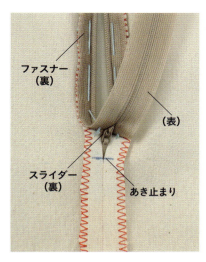

5 1の粗目のミシンをとる。ファスナーを開け、あき止まりの上の隙間からスライダーを通す。

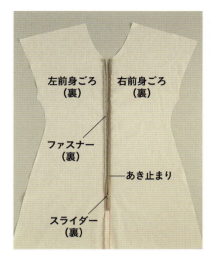

6 ファスナーの一番下端までスライダーを下ろしておく。

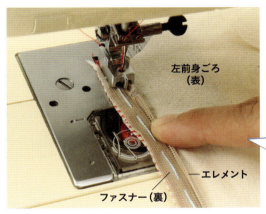

7 ミシンの押さえ金を「コンシールファスナー押さえ」に替える。押さえ金の右側の溝に左前身ごろ側のファスナーのエレメントをはさみ、返し縫いをして縫い始める。

Point コンシールファスナーのエレメントは、ファスナーを開けた状態のときは丸まっているので、指で広げるようにして押さえ金の溝にはさみます。

8 ファスナーのエレメントを指で広げながら、縫い進める。

9 あき止まりの0.1～0.2cm手前まで縫う。縫い終わりは、返し縫いをする。

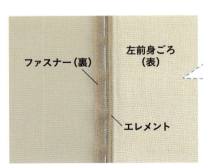

10 左前身ごろ側のファスナーが縫い終わった状態。ファスナーの上に縫い目は見えない。

Point ファスナーのエレメントの際を縫っているので、縫い終わるとエレメントが丸まって縫い目が見えなくなります。エレメントを開くと、縫い目が見えます。

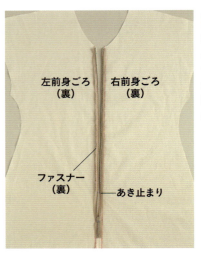

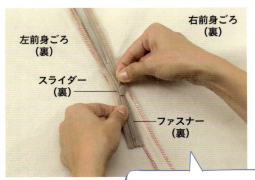

11 7〜9と同様に、コンシール押さえの反対側（左）の溝にはさんで右前身ごろ側のファスナーを縫う。縫い終わったら、4のしつけをとる。

12 ファスナーを、裏側からあき止まりの上まで閉める。

Point
ファスナーの裏側からスライダーをつまみ、反対の手でファスナーの下端を持ちます。そのままスライダーを一気に引いて、あき止まりの上のわずかな隙間にスライダーを通します。

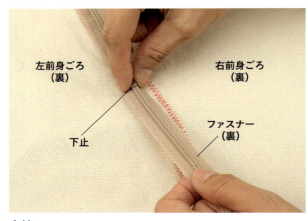

13 あき止まりの上まで閉めたら、表側からファスナーを上まで閉める。

14 ファスナーの下止を、あき止まりの下まで移動する。下止から4cm残してファスナーをカットする。

15 下止の両脇を平ペンチではさんでつぶし、固定する。54ページ「ワンピース」の作り方2に続く。

Column
ファスナーの端の始末

カットしたコンシールファスナーの端は切りっぱなしでも問題はありませんが、布でくるんでおくと見た目もキレイです。余った布でタブを作り（24ページ「ふたつきトートバッグ」のファスナーのつけ方2参照）、ファスナーを差し込んでまつり縫いします。

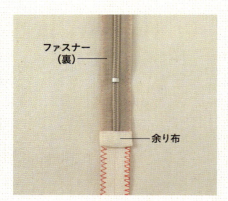

➡11ページ
ナイロンパーカ
❖材料と作り方は56ページ。

LESSON7
**オープンタイプの
ファスナーをつける**

作品に使用したファスナー：
ビスロンファスナー（オープン
タイプ）**S**53cm以上、**M**55.5
cm以上、**L・LL**58cm以上

ファスナーのつけ方

※作品とは違う布とファスナーを使っています。また、わかりやすいように赤い糸で解説しています。
※写真内の数字は寸法。単位はcm。

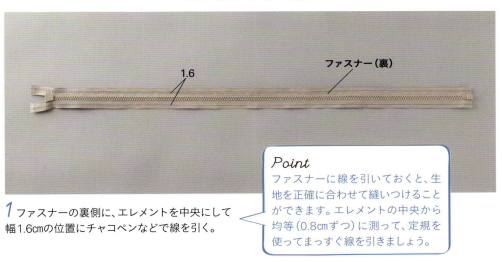

1 ファスナーの裏側に、エレメントを中央にして幅1.6cmの位置にチャコペンなどで線を引く。

Point
ファスナーに線を引いておくと、生地を正確に合わせて縫いつけることができます。エレメントの中央から均等（0.8cmずつ）に測って、定規を使ってまっすぐ線を引きましょう。

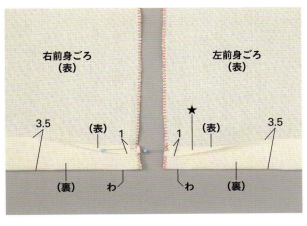

2 左・右前身ごろの前中央側の裾の縫い代を表側に折り、さらに端を1cm折ってまち針でとめる。

Column
ナイロン生地の扱い方
解説では布を使っていますが、実際に作品のようなナイロン生地で作る場合は、針穴が目立つので細めのまち針を使い、できるだけ縫い代に刺すようにします。まち針の代わりに手芸用クリップを使うと、穴もあかずに便利です。また、同じ理由で縫い直しもできないので、必ず縫う前に余ったナイロン生地で試し縫いをしましょう。

37

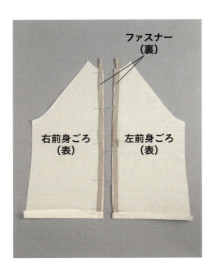
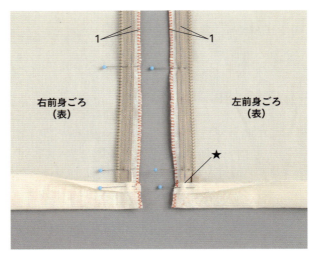

3 ファスナーを開いて2本に分け、左・右前身ごろに1本ずつ中表に合わせる。ファスナーに引いた線と左・右前身ごろのでき上がり線（1cm内側）を合わせてまち針でとめる。ファスナーの下端（開具）は、左・右前身ごろの折り山（★）に合わせる。ファスナーが長い場合は、そのままにしておく。

4 ミシンの押さえ金を「片押さえ」に替え、左前身ごろの裾側からファスナーに引いた線の上を、返し縫いをして縫い始める。

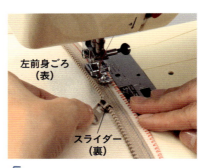

5 途中まで縫ったら一度ミシンを止め、ミシン針を刺したまま押さえ金を上げてスライダーを移動する。

6 再び押さえ金を下ろして、布端まで縫う。縫い終わりは、返し縫いをする。

7 4〜6と同様に右前身ごろとファスナーを縫う。ただし、右前身ごろ側のファスナーにはスライダーがないので、途中で止めずに端まで縫う。

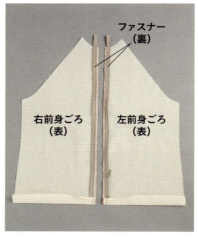

8 左・右前身ごろとファスナーが縫い終わった状態。

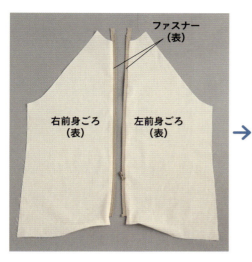
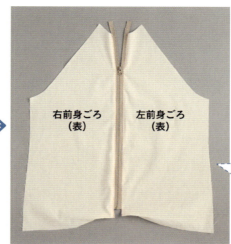

9 左・右前身ごろの裾を裏に返し、アイロンで押さえる。左・右前身ごろの前中央の布端から0.2cm内側をそれぞれ縫う。縫い始めと縫い終わりは、返し縫いをする。57ページ「ナイロンパーカ」の作り方3に続く。

ファスナーの上端の始末の仕方

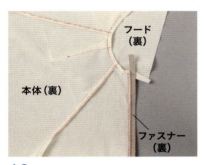
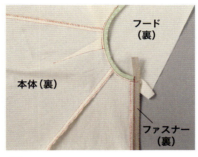

10 フードと本体（前・後ろ身ごろと袖を縫い合わせたもの）を中表に合わせて縫い、縫い代をフード側に倒す。

11 10の縫い代を、ファスナーをよけて端から端までバイアステープではさんで縫う（バイアステープのつけ方は「ナイロンパーカ」の作り方6-❷参照）。

Column
オープンタイプのファスナーの開閉

作品で使用したオープンタイプのファスナーを閉めるときには、スライダーを一度箱棒までしっかり下げてから、蝶棒を箱棒の根元まで差し込んでスライダーを引き上げます。開くときもスライダーを箱棒までしっかり下げてから、蝶棒を引き抜きます。無理に開閉すると、ファスナーの破損の原因になります。

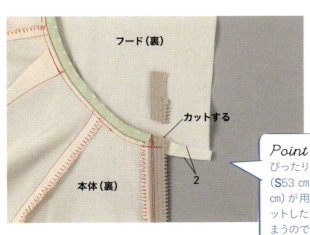
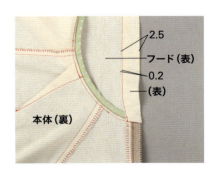

12 フードの縫い代に沿って、ファスナーの余分をカットする。

Point ぴったりの長さのファスナー（S53cm、M55.5cm、L・LL58cm）が用意できなくても、カットした端は縫いくるんでしまうので問題ありません。

13 フードの縁の縫い代を1cm裏側に折り、さらに2.5cm折り、フードの縁を端から端まで縫う。縫い始めと縫い終わりは、返し縫いをする。「ナイロンパーカ」の作り方8に続く。

➡️ 12ページ
プルオーバー
♣ 材料と作り方は58ページ。

LESSON 8
切り込みに見えるようにファスナーをつける
作品に使用したファスナー:
METALLIONファスナー
10cm、20cm

ファスナーのつけ方

※作品とは違う布とファスナーを使っています。また、わかりやすいように赤い糸で解説しています。
※写真内の数字は寸法。単位はcm。

ポケット口のファスナー

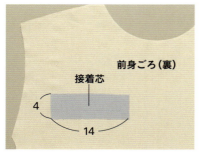

1 前身ごろの裏側のポケットあき口の上に、ひと回り大きい接着芯を貼る。

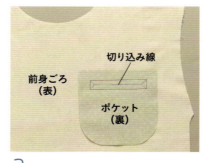

2 前身ごろとポケットを中表に重ね、ポケットあき口を合わせて1周縫う。縫い始めと縫い終わりの縫い目を重ねる。

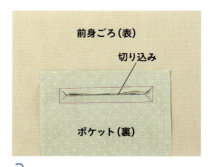

3 2の縫い目の内側に、ポケットと前身ごろ2枚一緒に切り込みを入れる。両端はV字に切り込みを入れる。

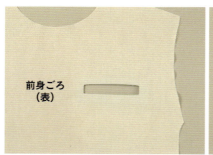

4 切り込みからポケットを前身ごろの裏側に出し、アイロンで形を整える。

Point
この切り込みの枠の中にファスナーをつけます。着たときにも目立つ部分なので、目打ちなどを使って角もきれいに出すようにしましょう。

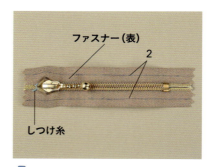

5 ファスナーの表側に、エレメントを中央にして幅2cmの位置にチャコペンなどで線を引く。ファスナーの上止側のテープが開かないように、しつけでとめておく。

40

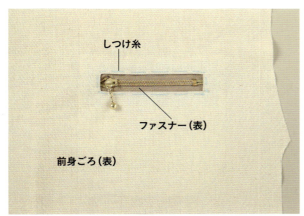

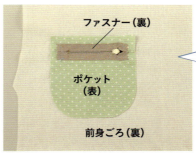

> **Point**
> このとき、ポケットの布端をファスナーにはさまないように注意すること。裏側からもしっかり確認をしましょう。ミシンで縫うときも、一緒に縫わないように気をつけて。

6 切り込みの枠に裏側からファスナーを当て、ファスナーに引いた線と枠の上下を合わせて1周しつけをする。

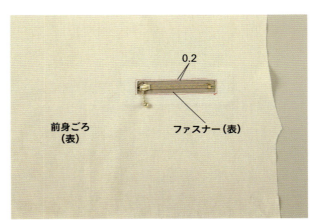

7 ミシンの押さえ金を「片押さえ」に替え、切り込みの枠の0.2cm外側を途中でミシンを止めてスライダーを移動させながら1周縫う。縫い始めと縫い終わりは縫い目を重ねる。しつけをとる。

8 縫い終わった状態。ポケットのファスナーがついた。58ページ「プルオーバー」の作り方1ー❷に続く。

後ろあきのファスナー

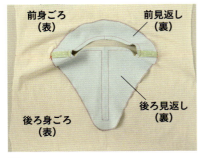

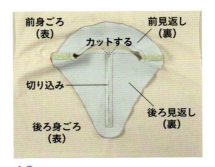

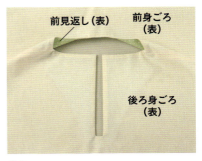

9 前・後ろ身ごろと前・後ろ見返しを中表に合わせて1周縫う。縫い始めと縫い終わりは、縫い目を重ねる。

10 後ろあき口に、後ろ身ごろと後ろ見返し2枚一緒にV字に切り込みを入れ、角をカットする。

11 えりぐりのカーブが強い部分の縫い代に切り込みを入れてから表に返し、アイロンで形を整える。

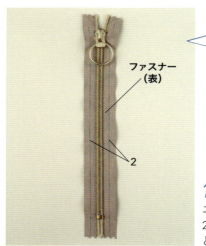

Point 次の作業でファスナーの上止側のテープの端を折り込むので、ここでは上止側のテープにしつけはしません。

12 ファスナーの表側に、エレメントを中央にして幅2cmの位置にチャコペンなどで線を引く。

Column
スライダーの引手について

ファスナーが見えるようにつける場合は、スライダーの引手にもこだわってみては。大きめの引手は、服のアクセントにもなります。普通の引手のものしか手に入らない場合は、引手の穴に丸カンを通し、その丸カンにチャームなどをつけても。ただし、ファスナーの開閉のときは、必ずチャームではなく引手を使うようにしましょう。

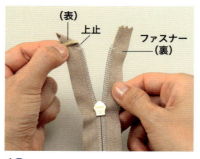

13 スライダーを少し下ろし、上止のすぐ上から裏側に斜めに折る。

14 13で折った部分を、さらに下に折り込んでまつり縫いでとめる。

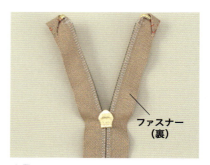

15 反対側のテープの端も同じ要領で裏側に折って縫う。両端の始末が終わった状態。

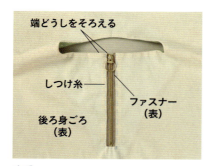

16 切り込みに裏側からファスナーを当て、ファスナーに引いた線と切り込みの左右を合わせてしつけをする。

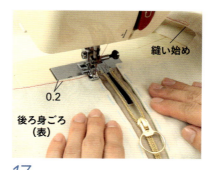

17 ミシンの押さえ金を「片押さえ」に替え、前身ごろのえりぐりの右側から0.2cm内側を縫い始める。後ろあきの部分は、途中でミシンを止めてスライダーを移動させながら縫う。

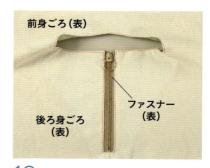

18 1周縫ったら、縫い始めと縫い終わりの縫い目を重ねる。「プルオーバー」の作り方5に続く。

→ 15ページ

ノータックパンツ

❖ 材料と作り方は62ページ。

LESSON 9
パンツのフロントに ファスナーをつける

作品に使用したファスナー：
メタルファスナー　20cm

ファスナーのつけ方

※作品とは違う布とファスナーを使っています。また、わかりやすいように赤い糸で解説しています。
※写真内の数字は寸法。単位はcm。

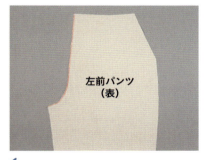

1 左前パンツの股上部分にジグザグミシンをかける。

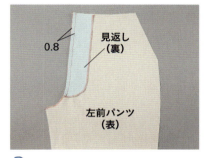

2 見返しのカーブの辺にジグザグミシンをかける。1に見返しを中表に合わせ、0.8cm内側を縫う。縫い始めと縫い終わりは、返し縫いをする。

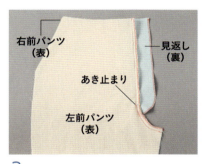

3 2を開いてから左前パンツと右前パンツを中表に合わせ、あき止まりから下を二重に縫う。縫い始めと縫い終わりは、返し縫いをする。

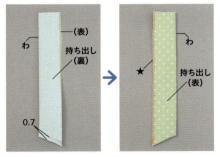

4 持出しを中表に半分に折り、下端を縫う。縫い始めと縫い終わりは、返し縫いをする。表に返し、アイロンで形を整え、端に2枚一緒にジグザグミシンをかける。

> *Point*
> ファスナーの表側と裏側にそれぞれ1本ずつ線を引きます。表側と裏側、それぞれの向かって左側に線を引くこと。

5 ファスナーの表側に、エレメントの中央から0.8cmの位置にチャコペンなどで1本線を引く。ファスナーの裏側にも同様に線を引く。

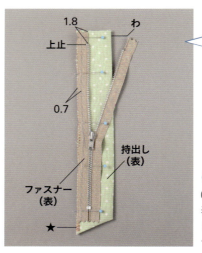

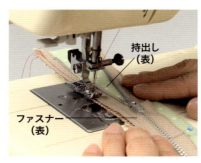

Point
持出しのジグザグミシンをかけた側が左になるように置き、その面にファスナーの裏側を合わせます。こちらの面が、持出しの表側になります。

6 持出しの布端(★)から0.7cm内側に、ファスナーの表側に引いた線を合わせてまち針でとめる。ファスナーを半分ほどあけておく。

7 ミシンの押さえ金を「片押さえ」に替え、ファスナーの表側に引いた線の上を、返し縫いをしてから縫い始める。途中でミシンを止めてスライダーを移動させ、端まで縫う。縫い終わりは返し縫いをする。

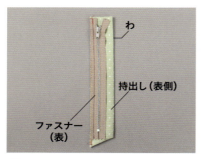

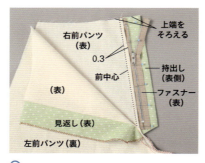

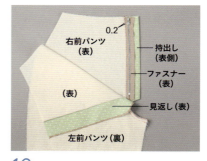

8 縫い終わった状態。持出しにファスナーがつく。こちらが表側になる。

9 3を開き、右前パンツのあき止まりより上の縫い代を、前中心(仕上がり線)より0.3cm残して裏側に折り込んでアイロンで押さえる。7の縫い線に折った布端を合わせ、まち針でとめる。

10 ファスナーを半分ほどあけ、布端から0.2cm内側を返し縫いしてから縫い始める。途中でミシンを止めてスライダーを移動させ、あき止まりまで縫う。縫い終わりは返し縫いをする。

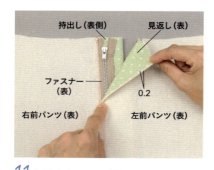

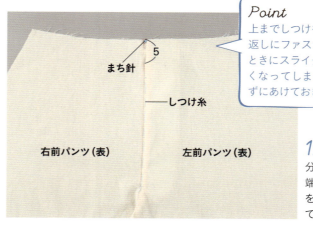

11 表側を上にして10を開き、左前パンツのあき止まりから上の縫い代をでき上がり線に沿って折り(見返しとのはぎ目を0.2cmひかえる)、10の縫い線の上に合わせる。

Point
上までしつけをしてしまうと、見返しにファスナーを縫いつけるときにスライダーを移動できなくなってしまうので、全部縫わずにあけておきます。

12 11で合わせた部分にしつけをする。上端から5cmは、しつけをせずにまち針でとめておく。

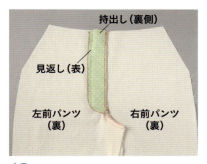

13 そのまま、裏に返す。

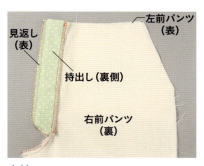

14 右前パンツと左前パンツを中表に合わせる。

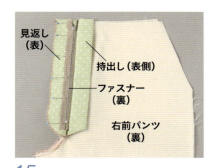

15 持出しを右前パンツ側に倒す。見返しにファスナーをまち針でとめる。ファスナーを半分ほどあける。

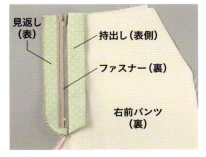

16 ファスナーの裏側に引いた線の上を、返し縫いをしてから縫い始める。途中でミシンを止めてスライダーを移動させ、ファスナーの端まで縫う。縫い終わりは返し縫いをする。

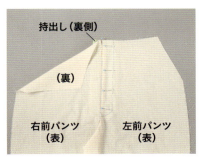

17 左・右前パンツを開いて表に返し、持ち出しを右前パンツ側によける。左前パンツと見返しを合わせてまち針でとめ、縫い線を引く。

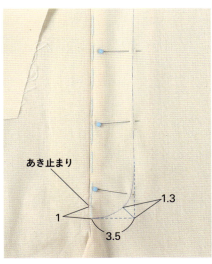

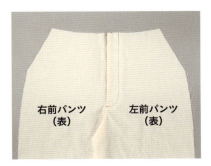

18 17で引いた線の上を縫う。縫い始めと縫い終わりは、返し縫いをする。しつけをとる。

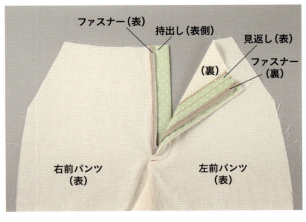

19 持出しを前パンツ側に戻す。63ページ「ノータックパンツ」の作り方5に続く。

45

→ 14ページ
フレアスカート
♣ 材料と作り方は60ページ。

LESSON10
スカートの脇ファスナーをつける

作品に使用したファスナー：
フラットニットファスナー　20cm

ファスナーのつけ方

※作品とは違う布とファスナーを使っています。また、わかりやすいように赤い糸で解説しています。
※写真内の数字は寸法。単位はcm。

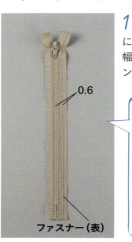

1 ファスナーの表側の右側に、エレメントの中央から幅0.6cmの位置にチャコペンなどで線を引く。

Point
ファスナーに線を引いておくと、生地を正確に合わせて縫いつけることができます。脇ファスナーの場合は、線は右側に1本だけ引きます。

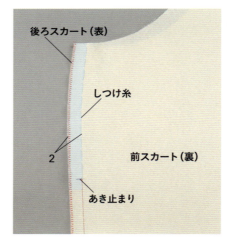

2 あき止まりまで縫い合わせた前スカートと後ろスカートの、あき止まりから上にしつけする。

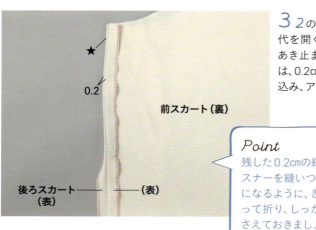

3 2の前スカートの縫い代を開く。後ろスカートのあき止まりより上の縫い代は、0.2cm残して裏側に折り込み、アイロンで押さえる。

Point
残した0.2cmの縫い代部分にファスナーを縫いつけます。まっすぐになるように、きちんと定規で測って折り、しっかりアイロンで押さえておきましょう。

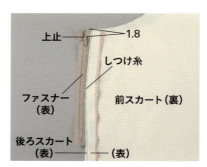

4 ファスナーの表側に引いた線に、3で残した0.2cmの縫い代の布端（★）を合わせて重ねる。あき止まりの位置にファスナーの下止を合わせてしつけをする。

5 ファスナーを半分ほど開く。ミシンの押さえ金を「片押さえ」に替え、はぎ目の際を返し縫いをしてから縫い始める。スライダーの手前まで縫ったら一度ミシンを止める。

6 ミシン針を刺したまま押さえ金を上げ、スライダーを移動してファスナーを閉める。再び押さえ金を下ろし、ファスナーの端まで続けて縫う。縫い終わりは、返し縫いをする。

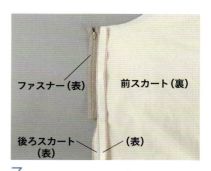

7 縫い終わった状態。4のしつけをとり、ファスナーを上まで閉めておく。

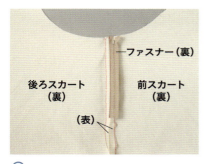

8 後ろスカートを開き、ファスナーを前スカート側に倒す。

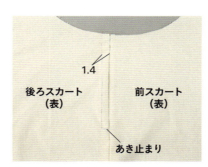

9 そのまま表に返す。前スカートのあき止まりから上に、幅1.4cmの位置にチャコペンなどでL字に線を引く。

10 あき止まりから返し縫いをして縫い始め、スライダーの手前まで縫ったら一度ミシンをとめる。2のしつけを途中までとる。ミシン針を刺したまま押さえ金を上げる。

11 スライダーを下止側に移動してファスナーを開く。再び押さえ金を下ろし、端まで続けて縫う。縫い終わりは、返し縫いをする。

12 しつけをとり、アイロンで形を整える。61ページ「フレアスカート」の作り方3に続く。

Column
後ろファスナーにするなら

左脇ファスナーと、ファスナーのつけ方が逆（対称）になります。ファスナーの左側に線を引き、前スカートを右後ろスカートに、後ろスカートを左後ろスカートに変えて作業しましょう。

➡5ページ
ペットボトルホルダー
❖実物大型紙A面 **a**-1側面、2底

材料（1個分）※生地の寸法は横×縦。

- 外布（綿麻プリント地） 45cm×28cm
- 内布（保温アルミシート） 38cm×28cm
- 接着芯（厚手の不織布） 38cm×28cm
- バイアステープ（幅9mm縁取りタイプのメタリック） 35cm
- コイルファスナー（赤またはクリーム色） 30cm

裁ち図 ※単位はcm。 ※（ ）内の数字は縫い代。
※外布の裏側に接着芯を貼る。
※外布のみ側面と底に合印をつけ、持ち手の線を引く。

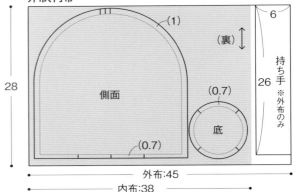

作り方 ※単位はcm。

1 側面にファスナーをつける
外布・側面と内布・側面を外表に縫い合わせ、ファスナーをつける（26ページ「ファスナーのつけ方」参照）

2 側面と底を縫い合わせる

❶外布・底と内布・底を外表にして1周縫う

❷内布・底の縫い代のみ、縫い代の際でカットする

❸縫い代に切り込みを入れる

❹外布・側面と外布・底を中表に重ね、合印を合わせて1周縫う

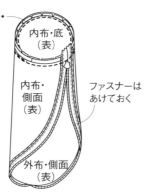

ファスナーはあけておく

3 持ち手を作る

❶持ち手を下、左右の順に裏側に折る。さらに半分に折り、左右の端を縫う

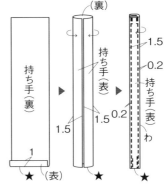

❷❶を折って外布・側面にのせ、四角く縫う

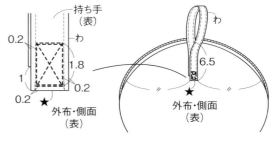

❸でき上がり

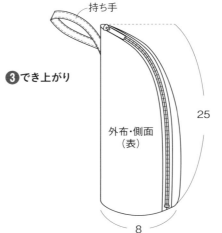

❺❹の縫い代をバイアステープではさみ、1周縫う

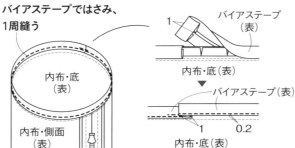

48

ふたつきトートバッグ
→4ページ

材料 ※生地の寸法は横×縦。

綿麻キャンバス地(マスタード):110cm幅×65cm
- 本体　49cm×44.5cmを2枚
- ポケット　15cm×18cm
- 持ち手a　55cm×6cmを2枚
- ふた　32cm×10cmを2枚
- タブ　(ファスナーの幅+1.4)cm×(ファスナーの幅×2+1.4)cmを2枚

綿麻キャンバス地(ブルー):110cm幅×40cm
- 底　49cm×31cm
- 持ち手b　100cm×6cmを2枚

ビスロンファスナー(グリーン)　50cm

作り方 ※単位はcm。

1 ふたを作る
ファスナーにふた2枚とタブをつける。(24ページ「ファスナーのつけ方」参照)

2 本体2枚を縫い合わせる

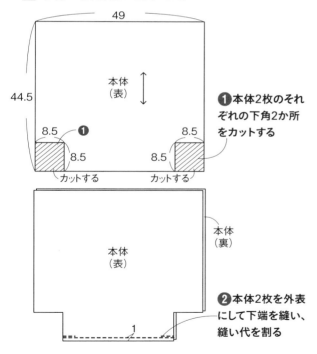

❶本体2枚のそれぞれの下角2か所をカットする

❷本体2枚を外表にして下端を縫い、縫い代を割る

3 持ち手を作る
持ち手a、bそれぞれの上下の端を裏側に折り、外表に重ねて縫う

4 本体にポケットと持ち手をつける

❶ポケットの上端にジグザグミシンをかける

❷裏側に折って縫う

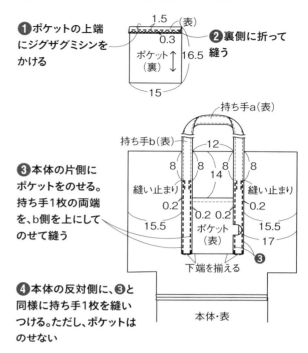

❸本体の片側にポケットをのせる。持ち手1枚の両端を、b側を上にしてのせて縫う

❹本体の反対側に、❸と同様に持ち手1枚を縫いつける。ただし、ポケットはのせない

5 底をつける

❶左右をカットする　❷上下の端を裏側に折る

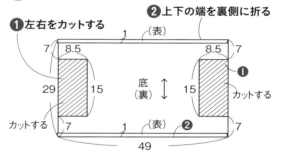

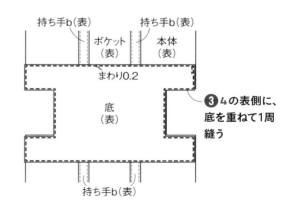

❸4の表側に、底を重ねて1周縫う

6 本体を縫い合わせる

❶ 本体の左右の端に、それぞれジグザグミシンをかける

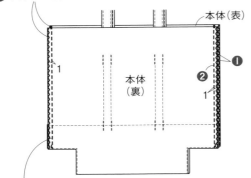

❷ 本体を中表にして左右の端を縫い、縫い代を割る

❸ 下側の角2か所をたたみ直し、マチを縫う

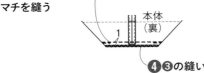

❹ ❸の縫い代に、ジグザグミシンをかける

7 ふたをつけて入れ口を縫う

❶ 本体の入れ口を三つ折りにし、ふたを両面に1枚ずつはさむ。持ち手をよけて1周縫う

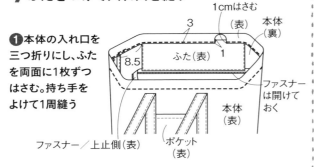

❷ 持ち手の4か所を、それぞれ本体に四角く縫ってとめる

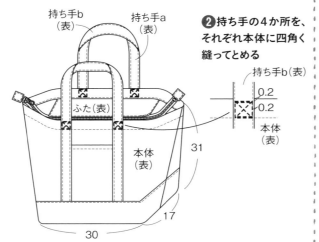

➡ 6ページ

ボストンバッグ

❖ 実物大型紙A面 b-1角

材料 ※生地の寸法は横×縦。

外布（オックス／作品はkippis「Kisut」グレー約110cm幅×50cmを使用）、**接着芯**（厚手の不織布）：100cm幅×50cm
　本体　　34cm×26cmを各2枚
　上マチ　54cm×7cmを各2枚
　下マチ　14cm×30cmを各2枚
　ポケット　34cm×20cmを各1枚
内布（コットンプリント地）：110cm幅×60cm
　本体　　34cm×26cmを2枚
　上マチ　54cm×7cmを2枚
　下マチ　14cm×58cm
　ポケット　21cm×19cm
　バイアス布　3.5cm幅を220cm
　※3.5cm幅のバイアスに裁った布を何枚かはぎ合わせて作る。
革の持ち手　幅1cm×44cmを2本（左右の端に6個ずつ穴のあいたもの）
革用手縫い糸
シンメトリックファスナー（紺）　50cm

作り方 ※単位はcm。

1 外布と内布をカットし、でき上がり線を引く

❶ 外布のすべてのパーツの裏側に、同サイズの接着芯を貼る

❷ 外布・本体、内布・本体、外布・ポケットの裏側に、図のように線を引く。角のカーブは型紙を当てて引く

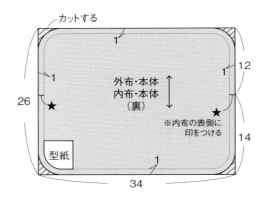

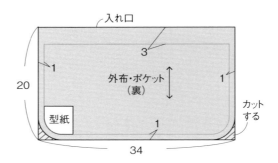

2 上マチにファスナーをつけ、下マチと縫い合わせる

❶ 外布・下マチ2枚を中表にして端を縫い、縫い代を割る
※柄の向きの下側どうしを縫う。

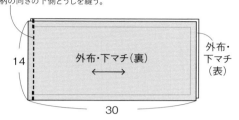

❷ 外布・上マチと内布・上マチにファスナーをつけ、外布・下マチと内布・下マチに縫い合わせる（28ページ「ファスナーのつけ方」参照）

3 本体にポケットをつける

❶ 外布・ポケットの入れ口を三つ折りにして縫う

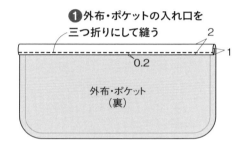

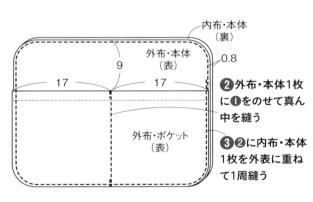

❷ 外布・本体1枚に❶をのせて真ん中を縫う

❸ ❷に内布・本体1枚を外表に重ねて1周縫う

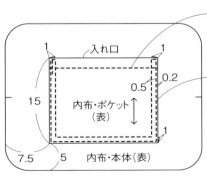

❹ 内布・ポケットの入れ口を❶と同様に三つ折りにして縫う

❺ ❹の入れ口以外の縫い代を裏側に折り、もう1枚の内布・本体に縫いつける

❻ ❺と残りの外布・本体を外表に重ね、❸と同様に縫う

4 本体と上・下マチを縫い合わせる

❶ 3の1枚と2を外布どうしを合わせて1周縫う

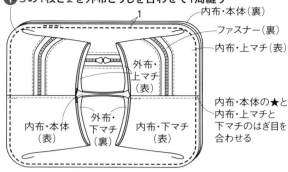

❷ バイアス布の上下を裏側に折る

❸ ❷の折り山を開き、内布・上マチと下マチに中表に合わせて1周縫う

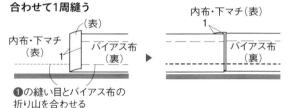

❹ バイアス布を起こし、折り山を戻して内布本体側に折り込んで1周まつる

5 持ち手をつける

❺ 残りの本体も、❶〜❹と同様に作業する。このとき、ファスナーはあけておく

革の持ち手を、革用手縫い糸で縫いつける

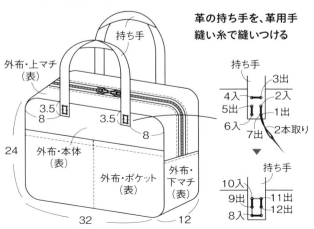

➡8ページ クラッチバッグ

材料 ※生地の寸法は横×縦。
外布（茶色） 本体33.5cm×30cmを2枚
リボン（プリント柄） 幅2cm×8cm
スエードテープ（茶色） 1cm幅×40cm
メタルファスナー（ベージュ） 30cm

作り方 ※単位はcm。

1 本体にファスナーをつける
本体2枚を、ファスナーに縫いつける（30ページ「ファスナーのつけ方」参照）

2 本体を縫い合わせる

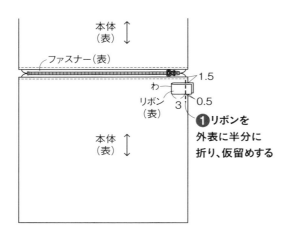

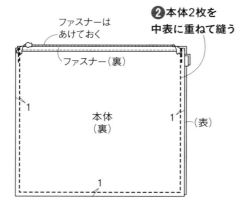

➡9ページ ふんわりポーチ
✤ 実物大型紙A面 c-1側面

材料 ※生地の寸法は横×縦。
外布（コットンプリント地／作品はThe Cotton Connection「ドットバティック」110cm幅を使用）
　アプリコット／**A**5.9cm×7.7cm、**E**5.4cm×4.9cm、
　K4.9cm×4.9cm、側面9cm×14cm
　サクラ／**B**18.9cm×7.7cm、**F**9.4cm×4.9cm、
　L14.4cm×8.4cm、側面9cm×14cm
　パイナップルピール／**C**10.4cm×8.4cm、**M**18.4cm×7.7cm
　ペールオーキット／**D**5.4cm×4.9cm、**H**18.4cm×9.4cm、
　J4.9cm×4.9cm、**N**6.4cm×7.7cm
　シトロングリーン／**G**6.4cm×16.4cm、**I**6.9cm×8.4cm
内布（コットンプリント地）
　本体23.4cm×31.6cm、側面9cm×14cmを2枚
接着キルト芯 本体23.4cm×36cm、側面9cm×14cmを2枚
布テープ（プリント柄） 幅1.5×4.5cm
エフロンファスナー（薄ピンク） 20cm

作り方 ※単位はcm。

1 外布・本体を作る

❶AとBを中表にして縫い代0.7cmで縫い合わせ、縫い代を割る

❸表に返し、ファスナーのスライダーにスエードテープを通して結ぶ

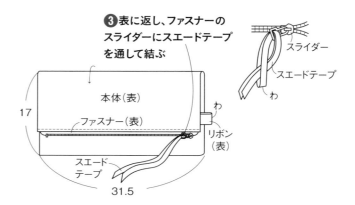

❷AからNすべてを❶と同様に縫い合わせ、縫い代を割る

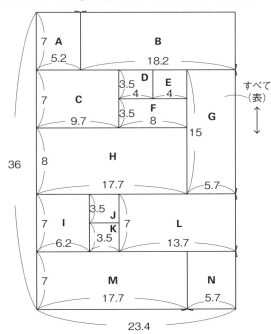

4 内袋を作る

❶内布・本体の上下の端を0.7cmずつ裏側に折る

❷3の❶と同様に、内布・側面の裏側に型紙を写して裁つ。ただし、キルト芯は貼らない

❸内布・側面のカーブの縫い代に切り込みを入れ、内布・本体に中表に合わせて縫う

❹もう1枚の内布・側面も、❸の反対側に同様に縫う

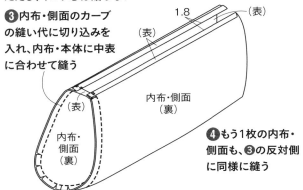

2 外布・本体にファスナーをつける

外布の裏側にキルト芯を貼り、ファスナーを縫いつける（32ページ「ファスナーのつけ方」参照）

3 外袋を作る

❶外布・側面2枚の裏側にそれぞれキルト芯を貼る。型紙を写し、縫い代をつけて裁つ

❷上端とカーブの縫い代に切り込みを入れる

❸布テープを外表に半分に折り、仮留めする

❹外布・側面と外布・本体に中表にして縫う

❺もう1枚の外布・側面も、❹の反対側に同様に縫う

5 外袋と内袋を縫い合わせる

❶内袋を表に返して外袋を裏のまま中に入れ、内袋の入れ口をファスナーのテープ部分にまつる

❷表に返してでき上がり

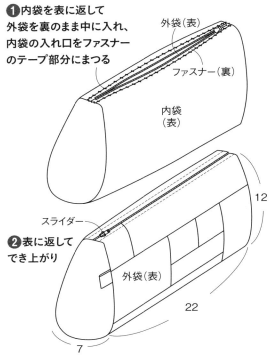

→10ページ
ワンピース
❖ 実物大型紙A面 **d**-1前身ごろ、2後ろ身ごろ、3えり

でき上がり寸法
着丈：**S**98／**M**101／**L·LL**104cm、胸囲：**S**95／**M**99／**L**103／**LL**107cm

材料 ※生地の寸法は横×縦。
バックサテンシャンタン（ネイビー）　110cm×S270／M280／L·LL290cm
接着芯（織布）　55×65cm
接着テープ　幅1.2cm×46cmを2本
バイアステープ（幅12.7mmの両折れタイプ／ネイビー）　115cm
スプリングホック　1組
コンシールファスナー（ネイビー）　50cm以上
絹穴糸

裁ち図
※単位はcm。
※（　）の数字は縫い代。指定以外の縫い代は1cm。
※□は、えりは接着芯、前身ごろの前中心は接着テープをそれぞれ貼る。

作り方手順

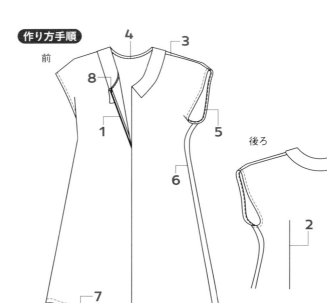

作り方 ※単位はcm。

1 前中心にファスナーをつける
左・右前身ごろの縫い止まりより下を縫い合わせ、前中心にファスナーをつける（34ページ「ファスナーのつけ方」参照）

2 後ろ身ごろのダーツを縫う

3 肩を縫う

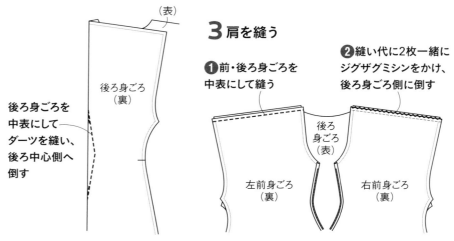

54

4 えりをつける

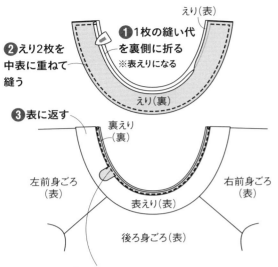

5 袖口の縫い代を始末する

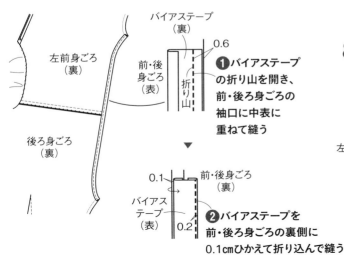

6 脇を縫う

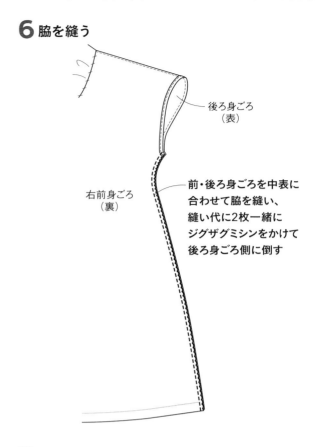

7 裾を縫う

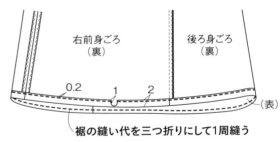

裾の縫い代を三つ折りにして1周縫う

8 スプリングホックをつける

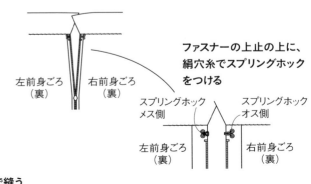

ファスナーの上止の上に、絹穴糸でスプリングホックをつける

➡ 11ページ
ナイロンパーカ

❖ 実物大型紙A面 e-1前身ごろ、2後ろ身ごろ、3袖、4フード、5ポケット

でき上がり寸法
着丈：**S**62／**M**65／**L・LL**68cm、胸囲：**S**97／**M**101／**L**105／**LL**109cm

材料 ※生地の寸法は横×縦。

ナイロン地（作品は sewing supporter Rick Rack「アウトドア用防水生地」ピンク148cm幅を使用）　148cm×**S・M**160／**L・LL**170cm
バイアステープ（幅11mm縁取りタイプ／プリント柄）　**S**100／**M**105／**L**110／**LL**115cm
ビスロンファスナー（オープンタイプのオレンジ色）　**S**53cm以上／**M**55.5cm以上／**L・LL**58cm以上

裁ち図 ※単位はcm。
※（　）の数字は縫い代。指定以外の縫い代は1cm。

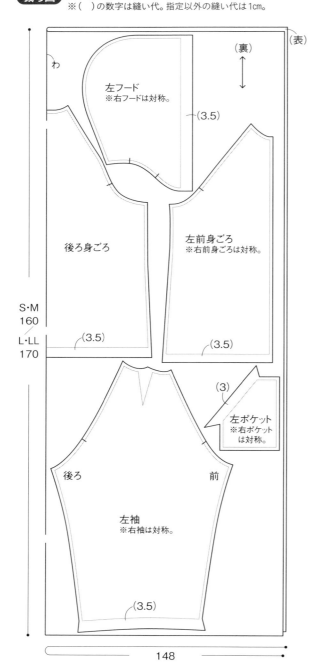

作り方手順

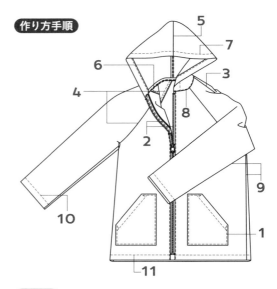

作り方 ※単位はcm。

1 前身ごろにポケットをつける

❶ポケット口を三つ折りにして縫う

❷上下左右の順で縫い代を裏側に折る

❸左・右前身ごろにそれぞれ縫いつける

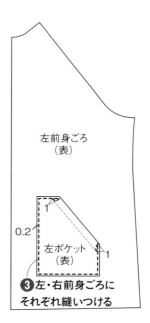

2 前端にファスナーをつける

左・右前身ごろの前端にファスナーを縫いつける（37ページ「ファスナーのつけ方」参照）

3 袖のダーツを縫う

左・右袖のダーツを縫い、後ろ側に倒す

4 前・後ろ身ごろと袖を縫い合わせる

① 前・後ろ身ごろと袖を中表にして縫う

② 縫い代に2枚一緒にジグザグミシンをかけ、縫い代を前・後ろ身ごろ側に倒す

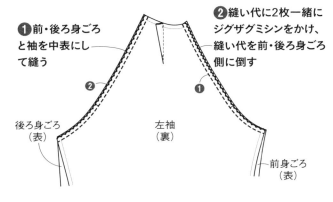

5 フードを縫う

① 左・右フードを中表にして縫う

② 縫い代をバイアステープではさんで縫う

6 左・右フードを身ごろと袖につける

① 左・右フードと前・後ろ身ごろ〜袖を中表にして縫う

② 縫い代をバイアステープではさんで縫う

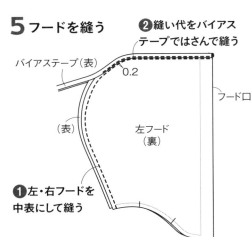

7 フード口を縫う

フード口を三つ折りにして縫う（39ページ「ファスナーの上端の始末の仕方」参照）

8 えりぐりに押さえミシンをかける

えりぐりの縫い代をフード側に倒し、押さえミシンをかける

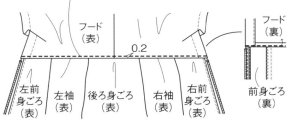

9 袖下〜脇を縫う

① 袖と前・後ろ身ごろをそれぞれ中表にして縫い、縫い代を後ろ身ごろ側に倒す

② 縫い代に2枚一緒にジグザグミシンをかける

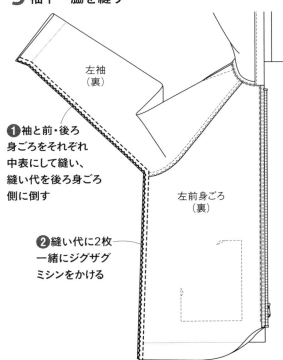

10 袖口を縫う

袖口をそれぞれ三つ折りにして1周縫う

11 裾を縫う

裾を三つ折りにして縫う

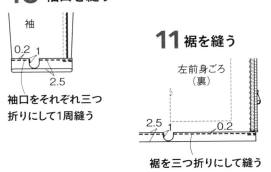

57

→12ページ

プルオーバー

❧ 実物大型紙B面 f-1前身ごろ、2後ろ身ごろ、3袖、4前見返し、5後ろ見返し、6ポケット

でき上がり寸法
着丈：S51／M53.5／L・LL56cm、胸囲：S96／M100／L104／LL108cm

材料 ※生地の寸法は横×縦。
ポリエステル地（オフホワイト）　110cm×S・M150／L・LL160cm
レーヨン地（紺地の花柄）　110cm×30cm
接着芯（織布）　40cm×50cm
METALLIONファスナー（黒）　10cm、20cm

裁ち図
※単位はcm。
※（ ）の数字は縫い代。指定以外の縫い代は1cm。
※□は接着芯を貼る。

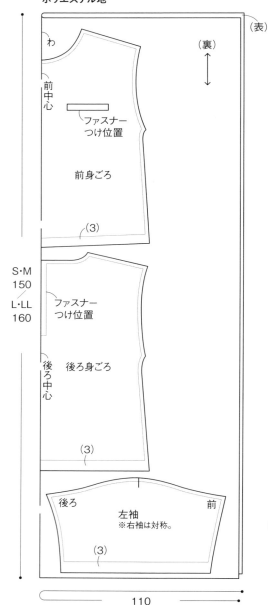

作り方手順

作り方 ※単位はcm。

1 ポケット口にファスナーをつけ、ポケットを作る

❶ 前身ごろのポケット口に、ポケットをつける（40ページ「ファスナーのつけ方／ポケット口のファスナー」参照）

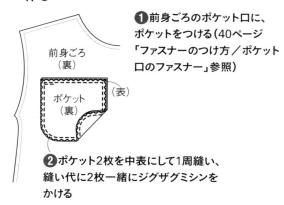

❷ ポケット2枚を中表にして1周縫い、縫い代に2枚一緒にジグザグミシンをかける

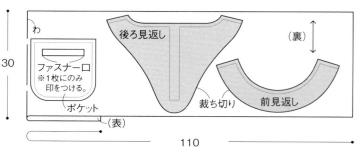

2 肩を縫う

❷前・後ろ身ごろを中表にして縫い、縫い代を割る

❶前・後ろ身ごろの肩の縫い代に、それぞれジグザグミシンをかける

5 前・後ろ身ごろに袖をつける

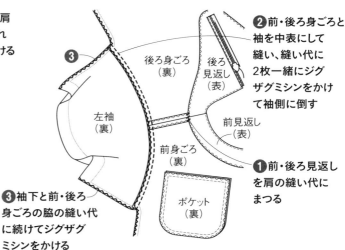

❷前・後ろ身ごろと袖を中表にして縫い、縫い代に2枚一緒にジグザグミシンをかけて袖側に倒す

❶前・後ろ見返しを肩の縫い代にまつる

❸袖下と前・後ろ身ごろの脇の縫い代に続けてジグザグミシンをかける

3 前・後ろ見返しを縫い合わせる

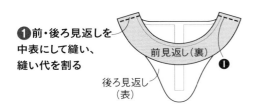

❶前・後ろ見返しを中表にして縫い、縫い代を割る

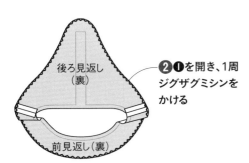

❷❶を開き、1周ジグザグミシンをかける

6 袖下〜脇を縫う

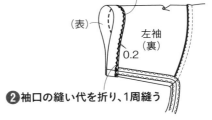

袖と前・後ろ身ごろをそれぞれ中表にして縫い、縫い代を割る

4 えりぐりのあきにファスナーをつけ、見返しをつける

後ろ身ごろの後ろあきにファスナーをつけ、前・後ろ見返しを縫い合わせてえりぐりを縫う(41ページ「ファスナーのつけ方／後ろあきのファスナー」参照)

7 袖口を縫う

❶袖口の縫い代に1周ジグザグミシンをかける

❷袖口の縫い代を折り、1周縫う

8 裾を縫う

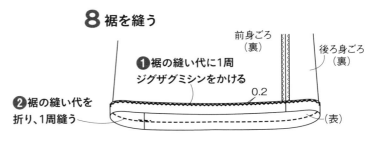

❶裾の縫い代に1周ジグザグミシンをかける

❷裾の縫い代を折り、1周縫う

→14ページ

フレアスカート

❖ 実物大図案B面 **g**-1前スカート、2後ろスカート、3前裾ヨーク、4後ろ裾ヨーク、5ベルト

でき上がり寸法
スカート丈（ベルト含む）：**S**65／**M**68／**L・LL**71cm、ウエスト：**S**65／**M**69／**L**74／**LL**79cm

裁ち図 ※単位はcm。
※（ ）の数字は縫い代。指定以外の縫い代は1cm。
※□は接着芯を貼る。

材料 ※生地の寸法は横×縦。

薄手デニム地（ブルー／作品はAPUHOUSE「児島6オンスくったりソフトデニム」ブルー146cm幅を使用）
　146cm×**S**190／**M**200／**L・LL**210cm
接着芯（織布）　脇用：24cm×2（バイアス裁ち）を2本、
ベルト用：5cm×**S**67／**M**71／**L**76／**LL**81cm
前カン　12mmを1組
フラットニットファスナー（ブルー）　20cm
ジーンズ用飾り糸

作り方手順

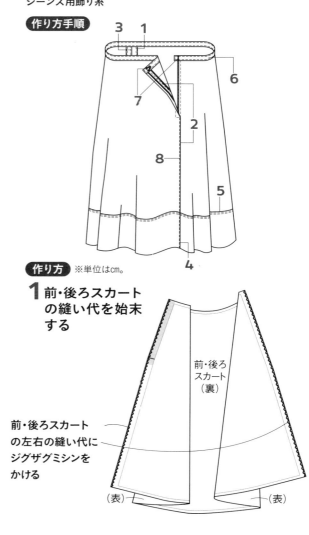

作り方 ※単位はcm。

1 前・後ろスカートの縫い代を始末する

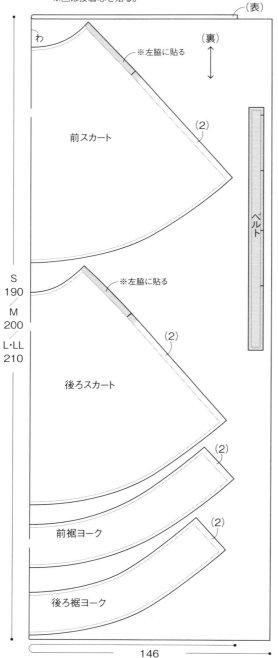

前・後ろスカートの左右の縫い代にジグザグミシンをかける

2 前・後ろスカートの左脇にファスナーをつける

前・後ろスカートのあき止まりから下を縫い合わせ、あき止まりにファスナーをつける（46ページ「ファスナーのつけ方」参照。ただし、5で上糸をデニム用飾り糸に替えてステッチする）

3 前・後ろスカートの右脇を縫う

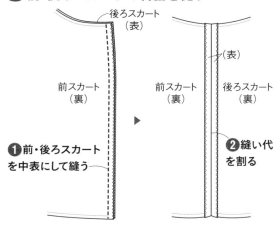

4 前・後ろ裾ヨークを縫う

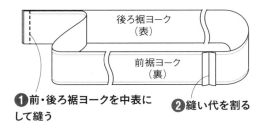

5 スカートと裾ヨークを縫い合わせる

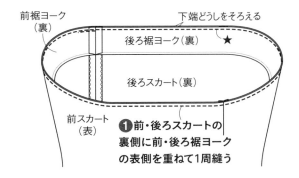

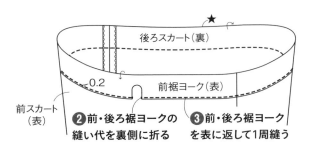

6 ベルトをつける

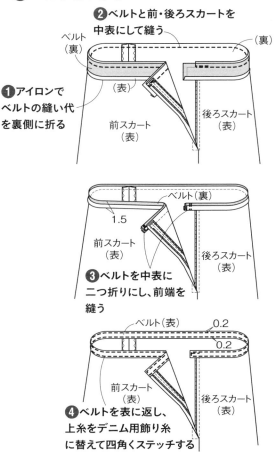

7 前カンをつける

前スカート側のベルトに前カンのオス側、後ろスカート側のベルトにメス側を縫いつける

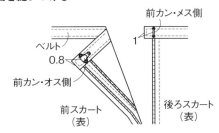

8 飾りステッチを入れる

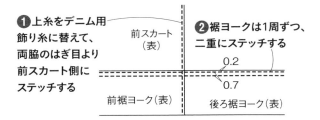

➡15ページ
ノータックパンツ

❖実物大型紙B面 **h**-1前パンツ、2後ろパンツ、3見返し、4持出し、5後ろポケット、6袋布、7脇布、8ベルト

材料 ※生地の寸法は横×縦。
- リネン地（グレー） 110cm×**S**180／**M**190／**L・LL**200cm
- 接着芯（織布） 110cm×10cm
- メタルファスナー（ベージュ） 20cm
- 直径2.1cmのボタン1個

でき上がり寸法
パンツ丈（ベルトを含む）：**S**84.5／**M**88／**L・LL**91.5cm、ウエスト：**S**64／**M**68／**L**73／**LL**78cm　ヒップ：**S**90／**M**94／**L**99／**LL**104cm

裁ち図 ※単位はcm。
※（ ）の数字は縫い代。指定以外の縫い代は1cm。
※□は接着芯を貼る。

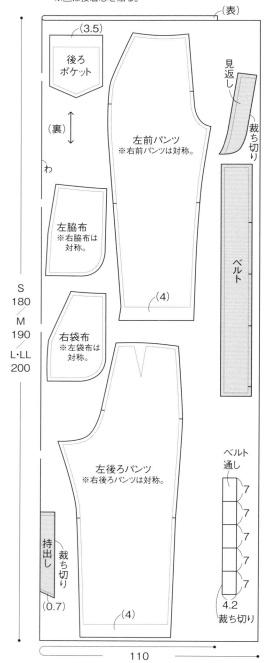

作り方手順

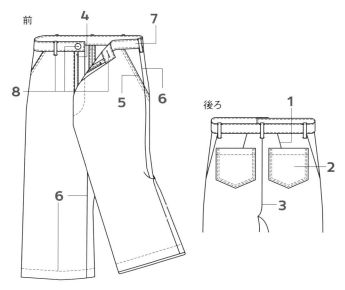

作り方 ※単位はcm。

1 後ろパンツのダーツを縫う

左・右後ろパンツのダーツをそれぞれ縫い、後ろ中心側へ倒す

2 後ろポケットをつける

❶ポケット口を三つ折りにして縫う

❷縫い代を裏側に折る

❸左・右後ろパンツの表側に、それぞれ後ろポケットを縫いつける

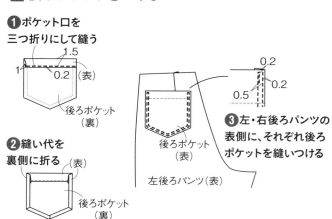

3 後ろパンツの股上を縫う

❶ 左・右後ろパンツの股上の縫い代に1枚ずつジグザグミシンをかける

❷ 左・右後ろパンツを中表にして股上を二重に縫う

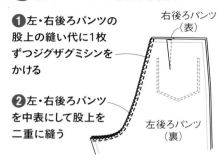

4 前パンツにファスナーをつける

見返しを左前パンツに、ファスナーをつけた持出しを右前パンツに、それぞれ縫いつける（43ページ「ファスナーのつけ方」参照）

5 前ポケットをつける

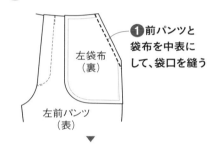

❶ 前パンツと袋布を中表にして、袋口を縫う

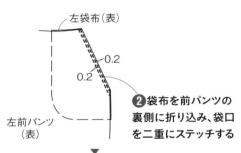

❷ 袋布を前パンツの裏側に折り込み、袋口を二重にステッチする

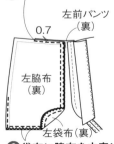

❹ 前パンツに縫いとめる

❸ 袋布に脇布を中表に重ねて2枚を縫い合わせ、縫い代に2枚一緒にジグザグミシンをかける

6 脇、股下、裾を縫う

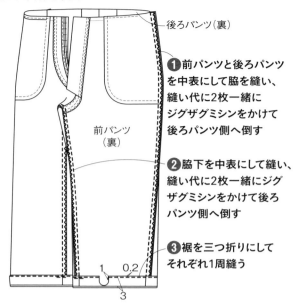

❶ 前パンツと後ろパンツを中表にして脇を縫い、縫い代に2枚一緒にジグザグミシンをかけて後ろパンツ側へ倒す

❷ 脇下を中表にして縫い、縫い代に2枚一緒にジグザグミシンをかけて後ろパンツ側へ倒す

❸ 裾を三つ折りにしてそれぞれ1周縫う

7 ベルトをつける

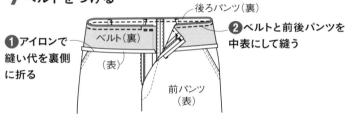

❶ アイロンで縫い代を裏側に折る

❷ ベルトと前後パンツを中表にして縫う

❸ ベルトを中表に二つ折りにし、前端を縫う

❹ ベルトを表に返して四角く縫う

8 ベルト通しとボタンをつける

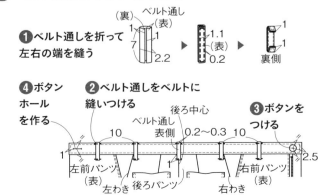

❶ ベルト通しを折って左右の端を縫う

❷ ベルト通しをベルトに縫いつける

❸ ボタンをつける

❹ ボタンホールを作る

野木陽子（のぎ ようこ）

桑沢デザイン研究所ドレスデザイン科を卒業後、ニューヨークにてフレンチオートクチュールを学ぶ。現在は服を中心に雑誌や書籍で作品を発表している。ソーイングクラスでは、自分に合った服作りを提案中。著書に『子どもの着ぐるみ服』（成美堂出版）、『まっすぐ縫いの子ども服』（文化出版局）などがある。
http://www.yokonogi.com/

ファスナー提供
YKKファスニングプロダクツ販売株式会社
〒116-0014　東京都荒川区東日暮里2-1-5
（顧客サービスグループ）
http://www.ykkfastening.com/japan

素材提供
株式会社ホームクラフト
〒134-0086
東京都江戸川区臨海町3-6-4
03-5676-6370
http://homecraft.co.jp/

株式会社サンヒット
〒340-0822　埼玉県八潮市大瀬6-9-7
フリーダイヤル　0120-898914
http://www.sunhit.com/

コットンコネクション
〒500-8381
岐阜県岐阜市市橋6-9-15
058-215-8642
http://cottonconnection.jp/

sewing supporter Rick Rack
〒201-0004　東京都狛江市岩戸北3-11-1
フリーダイヤル　0120-006-811
http://rick-rack.com/

APUHOUSE
〒612-8411
京都府京都市伏見区竹田久保町
70-10MFK伏見ビル1F
075-643-8557
http://www.rakuten.co.jp/apuhouse/

作品デザイン・制作：野木陽子
デザイン：石川亜紀
撮影：天野憲仁（日本文芸社）
トレース：八文字則子
作り方解説：海老原順子、小野奈央子
編集協力：海老原順子

はじめてでも
ファスナーつけがちゃんとできる
バッグとウエアの本(ほん)

2017年2月20日　第1刷発行

著　者　野木陽子
発行者　中村　誠
印刷所　図書印刷株式会社
製本所　図書印刷株式会社
発行所　株式会社 日本文芸社
〒101-8407　東京都千代田区神田神保町1-7
TEL 03-3294-8931（営業）03-3294-8920（編集）
Printed in Japan　112170201-112170201 Ⓝ 01
ISBN978-4-537-21449-9
URL http://www.nihonbungeisha.co.jp/
©Yoko Nogi　2017
編集担当　吉村

乱丁・落丁本などの不良品がありましたら、小社製作部宛にお送りください。送料小社負担にておとりかえいたします。
法律で認められた場合を除いて、本書からの複写・転載（電子化を含む）は禁じられています。また、代行業者等の第三者による電子データ化および電子書籍化は、いかなる場合も認められていません。